人力资源管理实用手册：劳动和社会保障相关参数分册2023

上海智渠企业管理咨询有限公司　编

中国商业出版社

图书在版编目（CIP）数据

人力资源管理实用手册. 劳动和社会保障相关参数分册：2023 / 上海智渠企业管理咨询有限公司编. -- 北京：中国商业出版社，2023.7

ISBN 978-7-5208-2551-1

Ⅰ. ①人… Ⅱ. ①上… Ⅲ. ①人力资源管理-手册②劳动法-中国-手册③社会保障法-中国-手册 Ⅳ. ①F241-62②D922.5-62③D922.5-62

中国国家版本馆 CIP 数据核字（2023）第 134013 号

责任编辑： 滕 耘

中国商业出版社出版发行

（www.zgsycb.com 100053 北京广安门内报国寺 1 号）

总编室：010-63180647 编辑室：010-83118925

发行部：010-83120835/8286

新华书店经销

泰安市成辉印刷有限公司印刷

*

889 毫米×1194 毫米 32 开 7 印张 270 千字

2023 年 7 月第 1 版 2023 年 7 月第 1 次印刷

定价：40.00 元

* * * *

（如有印装质量问题可更换）

购书电话：021-61498414

021-61498415

前　言

《人力资源管理实用手册：劳动和社会保障相关参数分册 2023》（以下简称《参数分册》），经过数据更新及调整，现正式出版发行。

《参数分册》较全面地汇编了国家及上海市劳动和社会保障相关法律、法规、规范性文件逾 200 件，采集重要参数数据近 2000 个，以其内容全面、数据实用、结构明晰、查阅便捷等特点，深受广大用人单位人力资源管理者及劳动法律工作者等相关人员的欢迎，被誉为上海人力资源专业人士的必备工具书。

《参数分册》秉承二十年的编辑原则，追踪最新人力资源和社会保障相关政策，及时更新社会保险缴费基数、缴费比例、民生保障等各方面的相关数据，以更明晰的形式为读者厘清复杂的政策内容。

2023 年的人力资源环境与经济大环境一样，是稳步发展的一年，全面恢复、政策扶持、税收减负成了主旋律，灵活就业也在各方的努力下健康发展。“保就业、促稳定”在当下显得尤其重要，为此，编者及时跟踪一系列与人力资源管理操作实务密切相关的政策，予以及时调整。

为了便于读者查询，编者不断地致力于信息表式化，同时也不断增加《参数分册》的信息承载量。为了应对逐年更新的信息，《参数分册》也及时对结构做出相应调整，以求精练实用。

“人力资源管理实用手册”系列图书作为实用参考书，虽精心编撰，但仍会有不完善之处，欢迎读者提出宝贵意见。

编　者

2023 年 7 月

郑重声明

“人力资源管理实用手册”系列图书受到了广大人力资源管理人员、劳动法律专业人士的欢迎。

编者多次接获读者的反映，市场上出现了复制、盗版“人力资源管理实用手册”系列图书的情况。这些非法出版物价格低廉，印刷质量低劣，其内容、数据的准确性更难以保证，严重侵犯了读者、编者的合法权益。

鉴于此情，上海智渠企业管理咨询有限公司郑重声明：正版“人力资源管理实用手册”系列图书由编者精心设计采编，享有独立的、受中华人民共和国法律保护的知识产权。任何私自修改、复制该书内容的行为都是侵害编者合法权利的行为。目前，该书仅由中国商业出版社出版发行，希望广大读者注意甄别。

打击盗版、保护知识产权是编者、读者义不容辞的责任和义务，在此，我们呼吁广大读者购买正版书籍，发现盗版后请及时告知我们。对于任何侵害编者权利的盗版行为，我们保留追究其法律责任的权利。

编　者

2023 年 7 月

目　录

第一部分　劳动管理

第二部分　保险福利

第三部分 争议处理

第四部分　民主管理

第五部分 人才引进

第六部分　其　　他

第一部分 劳动管理

第一章 劳动用工

一、招工

文 号	标 题	内 容 摘 要	执行时间
中华人民共和国主席令第65号	中华人民共和国劳动合同法	用人单位应当建立职工名册备查	2008-01-01 2012-12-28修正
上海市人力资源和社会保障局沪人社就〔2021〕340号	关于进一步做好本市用人单位招用劳动者就业登记备案相关工作的通知	●用人单位招用劳动者，应自招用之日起30日内向本市人力资源社会保障经办机构（以下简称经办机构）办妥招工登记备案手续。登记信息包括用人单位名称、社会信用证代码、招用员工姓名、公民身份证号码、与职工签订劳动合同的起止时间、用工形式、职业工种等各项内容。 ●用人单位可通过网上办事渠道办理招工登记备案手续，也可到经办机构线下办理招工登记备案手续	2021-08-16
中华人民共和国主席令第122号	中华人民共和国妇女权益保障法	●用人单位在招录（聘）过程中，除国家另有规定外，不得实施下列行为： 1.限定为男性或者规定男性优先； 2.除个人基本信息外，进一步询问或者调查女性求职者的婚育情况； 3.将妊娠测试作为入职体检项目； 4.将限制结婚、生育或者婚姻、生育状况作为录（聘）用条件； 5.其他以性别为由拒绝录（聘）用妇女或者差别化地提高对妇女录（聘）用标准的行为。 ●用人单位在录（聘）用女职工时，应当依法与其签订劳动（聘用）合同或者服务协议，劳动（聘用）合同或者服务协议中应当具备女职工特殊保护条款，并不得规定限制女职工结婚、生育等内容	2023-01-01

续表

文　号	标　题	内　　容　　摘　　要	执行时间
上海市人民代表大会常务委员会公告〔16 届〕第 1 号	上海市就业促进条例	●用人单位招用人员，公共就业服务机构、公共人才服务机构和经营性人力资源服务机构（以下统称人力资源服务机构）从事人力资源服务，应当向劳动者提供平等的就业条件和公平的就业机会，不得发布含有民族、种族、性别、宗教信仰等方面歧视性内容的招聘信息，不得违反国家规定在户籍、地域等方面设置限制人力资源流动的条件。 ●用人单位不得以劳动者是传染病病原携带者或者曾患传染病为由拒绝录用，不得以劳动者患传染病为由与其解除劳动关系，法律、行政法规和国务院卫生行政部门另有规定的除外。 ●除法律、行政法规另有规定外，用人单位和人力资源服务机构在招用人员或者提供人力资源服务时，不得查询劳动者的诊疗记录、医学检测报告、违法犯罪记录等信息，或者要求劳动者提供与履行劳动合同无关的信息	2023-03-01

二、退工

文　号	标　题	内　　容　　摘　　要	执行时间
中华人民共和国主席令第 65 号	中华人民共和国劳动合同法	用人单位应当在解除或者终止劳动合同时出具解除或者终止劳动合同的证明，并在 15 日内为劳动者办理档案和社会保险关系转移手续	2008-01-01 2012-12-28 修正
上海市人力资源和社会保障局沪人社就〔2021〕340 号	关于进一步做好本市用人单位招用劳动者就业登记备案相关工作的通知	●用人单位与劳动者解除或终止劳动关系后，应在 15 日内向经办机构办妥退工登记备案手续。 ●用人单位可通过网上办事渠道办理退工登记备案手续，也可到经办机构线下办理退工登记备案手续	2021-08-16
中华人民共和国国务院令第 535 号	中华人民共和国劳动合同法实施条例	用人单位出具的解除、终止劳动合同的证明，应当写明劳动合同期限、解除或者终止劳动合同的日期、工作岗位、在本单位的工作年限	2008-09-18

三、登记备案手续涉及的有关事项

文号	标题	内容摘要	执行时间
上海市人力资源和社会保障局沪人社就〔2021〕340号	关于进一步做好本市用人单位招用劳动者就业登记备案相关工作的通知	●用人单位使用劳动者构成特殊劳动关系、以非全日制劳动合同形式使用劳动者的,应按前述规定办理。 ●用人单位使用劳务派遣公司派遣的劳动者,由劳务派遣公司负责办理招退工登记备案手续。 ●对无上级主管部门的用人单位已注销营业执照、被吊销营业执照、迁往外省市或确认业主逃匿的,可由经办机构办理退工登记备案手续。 ●用人单位无正当理由拒办招退工登记备案手续的,劳动者可向市人力资源社会保障局执法总队或各区人力资源社会保障局执法大队(劳动保障监察机构)投诉,由上述执法部门责令用人单位为其办理招退工登记备案手续。用人单位仍拒绝办理的,劳动者本人可凭责令整改文书(复印件)及本人身份证明到经办机构按规定办理相关登记备案手续。 ●用人单位办理招工或退工登记备案手续后,应当按国家和本市档案管理的有关规定,负责做好劳动者人事档案的调集、保管、转移等工作	2021-08-16

四、社会保险登记、变更、注销

文　号	标　题	内　容　摘　要	执行时间
中华人民共和国国务院令第259号	社会保险费征缴暂行条例	●企业在办理登记注册时，同步办理社会保险登记。 ●前款规定以外的缴费单位应当自成立之日起30日内，向当地社会保险经办机构申请办理社会保险登记	1999-01-22 2019-03-24 修改
人力资源社会保障部办公厅人社厅发〔2016〕130号	关于做好企业“五证合一”社会保险登记工作的通知	●制度改革前办理社会保险登记时要求提供的银行账号等指标项目，改革后由企业在为职工办理社会保险登记时提供。 ●企业办理“五证合一”登记后，社会保险经办机构应及时接收工商部门交换的数据，生成企业的《社会保险登记表》，并按规定存档。 ●企业登记信息变更或注销后，社会保险经办机构应依据工商部门的交换数据及时更新企业的社会保险登记信息。其中，已参加社会保险的企业办理工商注销登记后，仍需到社保经办机构办理注销登记	2016-10-01

五、住房公积金账户设立、变更、注销

文　号	标　题	内　容　摘　要	执行时间
中华人民共和国国务院令第262号	住房公积金管理条例	●新设立的单位应当自设立之日起30日内向住房公积金管理中心办理住房公积金缴存登记，并自登记之日起20日内，为本单位职工办理住房公积金账户设立手续。 ●单位合并、分立、撤销、解散或者破产的，应当自发生上述情况之日起30日内由原单位或者清算组织向住房公积金管理中心办理变更登记或者注销登记，并自办妥变更登记或者注销登记之日起20日内，为本单位职工办理住房公积金账户转移或者封存手续	1999-04-03 2002-03-24 第一次修改 2019-03-24 第二次修改

续表

文号	标题	内容摘要	执行时间
上海市住房公积金管理委员会沪公积金管委会〔2023〕3号	上海市住房公积金缴存管理办法	●单位录用职工的，应当自录用之日起30日内向受委托银行办理职工住房公积金账户的设立或者转移手续。每个职工在本市只能有一个住房公积金账户。职工拥有多个住房公积金账户的，应当办理账户合并。 ●单位名称、地址等登记事项发生变更的，应当自发生变更之日起30日内向管理部或者受委托银行办理单位住房公积金账户信息修改。 ●职工姓名、身份证号码等登记事项发生变更的，应当自发生变更之日起30日内向管理部或者受委托银行办理职工住房公积金账户信息修改。 ●职工与原单位终止劳动关系后被新单位录用的，原单位应当自劳动关系终止之日起30日内，将个人住房公积金账户转移到新单位为职工缴存住房公积金。尚未重新就业的，职工住房公积金账户所在单位应当自劳动关系终止之日起30日内为职工住房公积金账户办理封存手续	2023-04-01 至 2028-03-31

六、规章制度

文号	标题	内容摘要	执行时间
中华人民共和国主席令第65号	中华人民共和国劳动合同法	● 用人单位应当依法建立和完善劳动规章制度，保障劳动者享有劳动权利、履行劳动义务。 ● 用人单位在制定、修改或者决定有关劳动报酬、工作时间、休息休假、劳动安全卫生、保险福利、职工培训、劳动纪律以及劳动定额管理等直接涉及劳动者切身利益的规章制度或者重大事项时，应当经职工代表大会或者全体职工讨论，提出方案和意见，与工会或者职工代表平等协商确定。 ● 在规章制度和重大事项决定实施过程中，工会或者职工认为不适当的，有权向用人单位提出，通过协商予以修改完善。 ● 用人单位应当将直接涉及劳动者切身利益的规章制度和重大事项决定公示，或者告知劳动者	2008-01-01 2012-12-28 修正

第二章　劳动合同

一、劳动合同的订立

文　号	标　题	内　容　摘　要	执行时间
中华人民共和国主席令 第65号	中华人民共和国劳动合同法	●用人单位自用工之日起即与劳动者建立劳动关系。已建立劳动关系，未同时订立书面劳动合同的，应当自用工之日起一个月内订立书面劳动合同。 ●劳动合同分为固定期限劳动合同、无固定期限劳动合同和以完成一定工作任务为期限的劳动合同。 ●用人单位与劳动者协商一致，可以订立无固定期限劳动合同。有下列情形之一，劳动者提出或者同意续订、订立劳动合同的，除劳动者提出订立固定期限劳动合同外，应当订立无固定期限劳动合同： 1.劳动者在该用人单位连续工作满10年的； 2.用人单位初次实行劳动合同制度或者国有企业改制重新签订劳动合同时，劳动者在该用人单位连续工作满10年且距法定退休年龄不足10年的； 3.连续订立二次固定期限劳动合同，且劳动者没有本法第三十九条和第四十条第一项、第二项规定的情形，续订劳动合同的。 连续订立固定期限劳动合同的次数，自本法施行后续订固定期限劳动合同时开始计算。 ●用人单位自用工之日起满一年不与劳动者订立书面合同的，视为用人单位与劳动者已订立无固定期限劳动合同。 ●劳动合同文本由用人单位和劳动者各执一份。 ●用人单位对已经解除或者终止的劳动合同的文本，至少保存二年备查	2008-01-01 2012-12-28修正

二、试用期

文 号	标 题	内 容 摘 要	执行时间
中华人民共和国主席令第 65 号	中华人民共和国劳动合同法	●劳动合同期限三个月以上不满一年的，试用期不得超过一个月；劳动合同期限一年以上不满三年的，试用期不得超过二个月；三年以上固定期限和无固定期限的劳动合同，试用期不得超过六个月。 ●同一用人单位与同一劳动者只能约定一次试用期。 ●以完成一定工作任务为期限的劳动合同或者劳动合同期限不满三个月的，不得约定试用期。 ●劳动者在试用期的工资不得低于本单位相同岗位最低档工资或者劳动合同约定工资的百分之八十，并不得低于用人单位所在地的最低工资标准	2008-01-01 2012-12-28 修正

三、培训服务期

文 号	标 题	内 容 摘 要	执行时间
中华人民共和国主席令第 65 号	中华人民共和国劳动合同法	●用人单位为劳动者提供专项培训经费，对其进行专业技术培训的，可以与该劳动者订立协议，约定服务期。 ●劳动者违反服务期约定的，应当按照约定向用人单位支付违约金。违约金的数额不得超过用人单位提供的培训费用。用人单位要求劳动者支付的违约金不得超过服务期尚未履行部分所应分摊的培训费用	2008-01-01 2012-12-28 修正
中华人民共和国国务院令第 535 号	中华人民共和国劳动合同法实施条例	●劳动合同法第二十二条第二款规定的培训费用，包括用人单位为了对劳动者进行专业技术培训而支付的有凭证的培训费用、培训期间的差旅费用以及因培训产生的用于该劳动者的其他直接费用。 ●劳动合同期满，但是用人单位与劳动者依照劳动合同法第二十二条的规定约定的服务期尚未到期的，劳动合同应当续延至服务期满；双方另有约定的，从其约定	2008-09-18

四、竞业限制期

文号	标题	内容摘要	执行时间
中华人民共和国主席令第65号	中华人民共和国劳动合同法	●对负有保密义务的劳动者,用人单位可以在劳动合同或者保密协议中与劳动者约定竞业限制条款,并约定在解除或者终止劳动合同后,在竞业限制期限内按月给予劳动者经济补偿。劳动者违反竞业限制约定的,应当按照约定向用人单位支付违约金。 ●竞业限制的人员限于用人单位的高级管理人员、高级技术人员和其他负有保密义务的人员。竞业限制的范围、地域、期限由用人单位与劳动者约定,竞业限制的约定不得违反法律、法规的规定。 在解除或者终止劳动合同后,前款规定的人员到与本单位生产或者经营同类产品、从事同类业务的有竞争关系的其他用人单位,或者自己开业生产或者经营同类产品、从事同类业务的竞业限制期限,不得超过二年	2008-01-01 2012-12-28 修正
最高人民法院法释〔2020〕26号	关于审理劳动争议案件适用法律问题的解释(一)	●当事人在劳动合同或者保密协议中约定了竞业限制,但未约定解除或者终止劳动合同后给予劳动者经济补偿,劳动者履行了竞业限制义务,要求用人单位按照劳动者在劳动合同解除或者终止前十二个月平均工资的30%按月支付经济补偿的,人民法院应予支持。 前款规定的月平均工资的30%低于劳动合同履行地最低工资标准的,按照劳动合同履行地最低工资标准支付。 ●当事人在劳动合同或者保密协议中约定了竞业限制和经济补偿,劳动合同解除或者终止后,因用人单位的原因导致三个月未支付经济补偿,劳动者请求解除竞业限制约定的,人民法院应予支持。 ●在竞业限制期限内,用人单位请求解除竞业限制协议时,人民法院应予支持。 在解除竞业限制协议时,劳动者请求用人单位额外支付劳动者三个月的竞业限制经济补偿的,人民法院应予支持	2021-01-01

五、履行地与注册地

文　号	标　题	内　容　摘　要	执行时间
中华人民共和国国务院令第535号	中华人民共和国劳动合同法实施条例	●劳动合同履行地与用人单位注册地不一致的，有关劳动者的最低工资标准、劳动保护、劳动条件、职业危害防护和本地区上年度职工月平均工资标准等事项，按照劳动合同履行地的有关规定执行。 ●用人单位注册地的有关标准高于劳动合同履行地的有关标准，且用人单位与劳动者约定按照用人单位注册地的有关规定执行的，从其约定	2008-09-18
中华人民共和国人力资源和社会保障部令第33号	劳动人事争议仲裁办案规则	●劳动合同履行地为劳动者实际工作场所地，用人单位所在地为用人单位注册、登记地或者主要办事机构所在地。用人单位未经注册、登记的，其出资人、开办单位或者主管部门所在地为用人单位所在地。 ●双方当事人分别向劳动合同履行地和用人单位所在地的仲裁委员会申请仲裁的，由劳动合同履行地的仲裁委员会管辖。有多个劳动合同履行地的，由最先受理的仲裁委员会管辖。劳动合同履行地不明确的，由用人单位所在地的仲裁委员会管辖	2017-07-01

六、劳动合同的变更

文　号	标　题	内　容　摘　要	执行时间
中华人民共和国主席令第65号	中华人民共和国劳动合同法	●用人单位与劳动者协商一致，可以变更劳动合同约定的内容。变更劳动合同，应当采用书面形式。 ●变更后的劳动合同文本由用人单位和劳动者各执一份	2008-01-01 2012-12-28 修正
最高人民法院法释〔2020〕26号	关于审理劳动争议案件适用法律问题的解释（一）	用人单位与劳动者协商一致变更劳动合同，虽未采用书面形式，但已经实际履行了口头变更的劳动合同超过一个月，变更后的劳动合同内容不违反法律、行政法规且不违背公序良俗，当事人以未采用书面形式为由主张劳动合同变更无效的，人民法院不予支持	2021-01-01

第三章　工作时间

一、标准工时

文　号	标　题	内　容　摘　要	执行时间
中华人民共和国国务院令第174号	国务院关于修订《国务院关于职工工作时间的规定》的决定	职工每日工作8小时，每周工作40小时。因工作性质或生产特点的限制，不能实行标准工时制度的，按照国家有关规定，可以实行其他工作和休息办法	1995-05-01
中华人民共和国主席令第28号	中华人民共和国劳动法	用人单位应当保证劳动者每周至少休息一日	1995-01-01 2009-08-27 第一次修正 2018-12-29 第二次修正
劳动和社会保障部劳社部发〔2008〕3号	关于职工全年月平均工作时间和工资折算问题的通知	●年工作日： 365天－104天(休息日)－11天(法定节假日)＝250天 ●季工作日： 250天÷4季＝62.5天/季 ●月工作日： 250天÷12月＝20.83天/月 ●工作小时数的计算： 以月、季、年的工作日乘以每日的8小时	2008-01-03

二、不定时工作制和综合计算工时工作制

条文主旨	内　容　摘　要
不定时工作制定义及岗位	●不定时工作制是指用人单位因生产经营特点、工作情况特殊或岗位性质的关系，需要机动作业无法实行标准工时制度，而采用不确定工作时间的工时制度。 ●用人单位对符合下列条件之一的岗位，可以申请实行不定时工作制： 1.高级管理、外勤、推销、部分值班和其他因工作无法按标准工作时间衡量的岗位； 2.长途运输、出租车驾驶、值班驾驶、消防化救和铁路、港口、仓库的部分装卸以及因工作性质特殊需机动作业或由劳动者自行安排工作时间的岗位； 3.其他适合实行不定时工作制的岗位

续表

条文主旨	内　　容　　摘　　要
综合计算工时工作制定义及岗位	●综合计算工时工作制是指用人单位因工作情况特殊或受季节和自然条件限制,需安排劳动者集中作业无法实行标准工时制度,而采用综合计算工作时间的工时制度。 ●用人单位对符合下列条件之一的岗位,可以申请实行以周、月、季、年等为周期综合计算工作时间的工时制度,其平均日工作时间和平均周工作时间应与法定标准工作时间基本相同,超出部分视为延长工作时间: 1.交通、铁路、邮电、水运、航空、渔业等行业中因工作性质特殊需集中作业、集中休息的岗位; 2.地质及资源勘探、建筑、制盐、制糖、旅游等受自然条件限制需集中作业、集中休息的岗位; 3.瓜果蔬菜种植、食品加工、服装生产等受季节条件限制、淡旺季明显,需集中作业、集中休息的岗位; 4.其他适合实行综合计算工时工作制的岗位
申请流程	●用人单位实行不定时工作制和综合计算工时工作制,应当向其登记注册地的区人力资源社会保障行政部门提出申请,经批准后可以实行不定时工作制和综合计算工时工作制。 ●登记注册在中国(上海)自由贸易试验区(保税区域)的用人单位实行不定时工作制和综合计算工时工作制,应当向中国(上海)自由贸易试验区管理委员会保税区管理局申请。 ●用人单位申请实行不定时工作制和综合计算工时工作制行政许可,应当通过与工会组织沟通协商、职工(代表)大会或集体协商等民主形式,充分听取工会组织和职工代表的意见后,向区人力资源社会保障行政部门提交以下申请材料: 1.申请表; 2.用人单位实行不定时工作制和综合计算工时工作制的工作安排和休息计划; 3.职工(代表)大会或工会意见等; 4.申请综合计算工时工作制考勤汇总表。 ●区人力资源社会保障行政部门根据需要可以要求用人单位提供实行不定时工作制和综合计算工时工作制的员工名册、原始考勤记录等其他材料。 ●行政许可决定有效期限届满,用人单位需继续实行不定时工作制和综合计算工时工作制的,应当在有效期届满30日前按照本办法规定重新提出申请

续表

条文主旨	内　　容　　摘　　要		
申请流程	●经批准实行不定时工作制和综合计算工时工作制的用人单位,应当将区人力资源社会保障行政部门出具的行政许可决定在用人单位内公示,行政许可决定内容应当告知公示结束后新入职的劳动者。 ●用工单位需要在实行不定时工作制和综合计算工时工作制的岗位上使用被派遣劳动者的,应当与劳务派遣单位在劳务派遣协议中明确实行不定时工作制和综合计算工时工作制的岗位、人数、期限和劳动报酬等内容。劳务派遣单位应当将劳务派遣协议的相关内容告知被派遣劳动者。劳务派遣单位不得为被派遣劳动者申请实行不定时工作制和综合计算工时工作制。 ●用人单位发生合并、分立等情况后,如需实行不定时工作制和综合计算工时工作制,应当由新成立的用人单位按照本办法规定重新提出申请		
行政审批管理	●区人力资源社会保障行政部门对用人单位提出的不定时工作制和综合计算工时工作制行政许可申请,应当根据下列情况分别作出处理: 1.申请事项依法不属于本行政机关职权范围的,应当即时告知申请人向有关行政机关申请; 2.申请材料不齐全的,应当即时或在 5 个工作日内一次性告知申请人需补正的全部内容,逾期不告知的,自收到申请材料之日起即为受理; 3.申请材料齐全符合要求,或申请人按照本行政机关的要求提交全部补正申请材料并符合要求的,区人力资源社会保障行政部门应当在 5 个工作日内作出受理决定。 ●区人力资源社会保障行政部门应当自受理申请之日起 20 个工作日内作出是否准予实行不定时工作制和综合计算工时工作制的行政许可决定。因情况特殊需延长审查期限的,可延长 10 个工作日。 ●区人力资源社会保障行政部门出具的行政许可决定应当载明用人单位实行不定时工作制和综合计算工时工作制的岗位名称、综合计算工时的周期及起始日期、有效期以及执行中应当注意的事项等。不予批准的,应当说明理由。 ●区人力资源社会保障行政部门准予实行不定时工作制和综合计算工时工作制的行政许可决定应当设定有效期。有效期可以依据用人单位的申请设定,但最长不超过 2 年。对于和谐劳动关系达标企业,可以准予 2 年的行政许可有效期		
规定文件	上海市人力资源和社会保障局关于印发《关于本市实行不定时工作制和综合计算工时工作制的行政许可办法》的通知(沪人社规〔2022〕11 号)	执行时间	2022-05-01 至 2027-04-30

三、延长工作时间

文号	标题	内容摘要	执行时间
中华人民共和国主席令第28号	中华人民共和国劳动法	用人单位由于生产经营需要,经与工会和劳动者协商后可延长工作时间,一般每日不得超过1小时,因特殊原因需要延长工作时间的,在保障劳动者身体健康的条件下延长工作时间每日不超过3小时,但是每月不得超过36小时	1995-01-01 2009-08-27 第一次修正 2018-12-29 第二次修正
劳动部劳部发〔1995〕309号	关于贯彻执行《中华人民共和国劳动法》若干问题的意见	经批准实行不定时工作制的职工,不受《劳动法》第四十一条规定的日延长工作时间标准和月延长工作时间标准的限制,但用人单位应采用弹性工作时间等适当的工作和休息方式,确保职工的休息休假权利和生产、工作任务的完成	1995-08-04
劳动部劳部发〔1997〕271号	关于职工工作时间有关问题的复函	实行综合计算工时工作制的企业,在综合计算周期内,如果劳动者的实际工作时间总数超过该周期的法定标准工作时间总数,超过部分应视为延长工作时间。如果在整个综合计算周期内的实际工作时间总数不超过该周期的法定标准工作时间总数,只是该综合计算周期内的某一具体日(或周,或月,或季)超过法定标准工作时间,其超过部分不应视为延长工作时间	1997-09-10

第四章　休息休假

一、法定节假日

<table>
<tr><th>条文主旨</th><th colspan="3">内　容　摘　要</th></tr>
<tr><td>全国年节及纪念日放假办法</td><td colspan="3">●全体公民放假的节日：
新年，放假1天（1月1日）；
春节，放假3天（农历正月初一、初二、初三）；
清明节，放假1天（农历清明当日）；
劳动节，放假1天（5月1日）；
端午节，放假1天（农历端午当日）；
中秋节，放假1天（农历中秋当日）；
国庆节，放假3天（10月1日、2日、3日）。
●部分公民放假的节日及纪念日：
妇女节（3月8日），妇女放假半天；
青年节（5月4日），14周岁以上的青年放假半天；
儿童节（6月1日），不满14周岁的少年儿童放假1天；
中国人民解放军建军纪念日（8月1日），现役军人放假半天。
●少数民族习惯的节日：
由各少数民族聚居地区的地方人民政府，按照各该民族习惯，规定放假日期。
●二七纪念日、五卅纪念日、七七抗战纪念日、九三抗战胜利纪念日、九一八纪念日、教师节、护士节、记者节、植树节等其他节日、纪念日，均不放假。
●全体公民放假的假日，如果适逢星期六、星期日，应当在工作日补假。部分公民放假的假日，如果适逢星期六、星期日，则不补假</td></tr>
<tr><td>部分公民放假如何计发职工工资</td><td colspan="3">按照国务院《全国年节及纪念日放假办法》中关于妇女节、青年节等部分公民放假的规定，在部分公民放假的节日期间，对参加社会或单位组织庆祝活动和照常工作的职工，单位应支付工资报酬，但不支付加班工资。如果该节日恰逢星期六、星期日，单位安排职工加班工作，则应当依法支付休息日的加班工资</td></tr>
<tr><td rowspan="2">规定文件</td><td>国务院关于修改《全国年节及纪念日放假办法》的决定（中华人民共和国国务院令第644号）</td><td rowspan="2">执行时间</td><td>2014-01-01</td></tr>
<tr><td>劳动和社会保障部办公厅关于部分公民放假有关工资问题的函（劳社厅函〔2000〕18号）</td><td>2000-02-12</td></tr>
</table>

二、带薪年休假

条文主旨	内　容　摘　要
年休假的享受条件和天数	●机关、团体、企业、事业单位、民办非企业单位、有雇工的个体工商户等单位的职工连续工作1年以上的，享受带薪年休假(以下简称年休假)。单位应当保证职工享受年休假。职工在年休假期间享受与正常工作期间相同的工资收入。 ●职工累计工作已满1年不满10年的，年休假5天；已满10年不满20年的，年休假10天；已满20年的，年休假15天。 ●国家法定休假日、休息日不计入年休假的假期
连续或累计工作时间的确定	●“职工连续工作满12个月以上”，既包括职工在同一用人单位连续工作满12个月以上的情形，也包括职工在不同用人单位连续工作满12个月以上的情形。 ●“累计工作时间”，包括职工在机关、团体、企业、事业单位、民办非企业单位、有雇工的个体工商户等单位从事全日制工作期间，以及依法服兵役和其他按照国家法律、行政法规和国务院规定可以计算为工龄的期间(视同工作期间)。职工的累计工作时间可以根据档案记载、单位缴纳社保费记录、劳动合同或者其他具有法律效力的证明材料确定
不享受当年年休假的情况	●职工不享受当年年休假的情况： 1. 职工依法享受寒暑假，其休假天数多于年休假天数的； 2. 职工请事假累计20天以上且单位按照规定不扣工资的； 3. 累计工作满1年不满10年的职工，请病假累计2个月以上的； 4. 累计工作满10年不满20年的职工，请病假累计3个月以上的； 5. 累计工作满20年以上的职工，请病假累计4个月以上的。 ●职工已享受当年的年休假，年度内又出现条例第四条第2、3、4、5项规定(注：指累计病假超过规定时间等)情形之一的，不享受下一年度的年休假
单位应统筹安排职工年休假	●单位根据生产、工作的具体情况，并考虑职工本人意愿，统筹安排职工年休假。 ●年休假在1个年度内可以集中安排，也可以分段安排，一般不跨年度安排。单位因生产、工作特点确有必要跨年度安排职工年休假的，可以跨1个年度安排
年休假工资报酬发放条件及计算	●用人单位经职工同意不安排年休假或者安排职工休假天数少于应休年休假天数的，应当在本年度内对职工应休未休年休假天数，按照其日工资收入的300%支付未休年休假工资报酬，其中包含用人单位支付职工正常工作期间的工资收入

续表

条文主旨	内容摘要		
年休假工资报酬发放条件及计算	●计算未休年休假工资报酬的日工资收入按照职工本人的月工资除以月计薪天数(21.75 天)进行折算。 ●前款所称月工资是指职工在用人单位支付其未休年休假工资报酬前 12 个剔除加班工资后的月平均工资。在本用人单位工作时间不满 12 个月的,按实际月份计算月平均工资		
新进与离职人员年休假天数计算	●职工新进用人单位符合享受年休假规定的,当年度年休假天数,按照在本单位剩余日历天数折算确定,折算后不足 1 整天的部分不享受年休假。 折算方法为:当年度在本单位剩余日历天数÷365 天×职工本人全年应当享受的年休假天数。 ●用人单位与职工解除或者终止劳动合同时,当年度未安排职工休满应休年休假的,应当按照职工当年已工作时间折算应休未休年休假天数并支付未休年休假工资报酬,但折算后不足 1 整天的部分不支付未休年休假工资报酬。 ●前款规定的折算方法为:当年度在本单位已过日历天数÷365 天×职工本人全年应当享受的年休假天数－当年度已安排年休假天数		
不再扣回原则	用人单位当年已安排职工年休假的,多于折算应休年休假的天数不再扣回		
被派遣职工年休假特别规定	被派遣职工在劳动合同期限内无工作期间由劳务派遣单位依法支付劳动报酬的天数多于其全年应当享受的年休假天数的,不享受当年的年休假;少于其全年应当享受的年休假天数的,劳务派遣单位、用工单位应当协商安排补足被派遣职工年休假天数		
特殊劳动关系人员年休假的相关规定	●协保人员和企业内部退养人员被用人单位聘用从事全日制工作期间,用人单位可以参照《企业职工带薪年休假实施办法》的规定安排带薪年休假,并通过平等协商等方式在聘用合同中予以明确。 ●用人单位对退休回聘人员的年休假问题有约定的,可从其约定		
规定文件	职工带薪年休假条例(中华人民共和国国务院令第 514 号)	执行时间	2008-01-01
	企业职工带薪年休假实施办法(中华人民共和国人力资源和社会保障部令第 1 号)		2008-09-28
	关于《企业职工带薪年休假实施办法》有关问题的复函(人社厅函〔2009〕149 号)		2009-04-15
	关于《关于本市特殊劳动关系人员是否适用带薪年休假规定的请示》的复函(上海市人力资源和社会保障局)		2009-11-18

三、病假及医疗期

<table>
<tr><th>条文主旨</th><th colspan="3">内　容　摘　要</th></tr>
<tr><td>医疗期定　义</td><td colspan="3">医疗期是指劳动者患病或者非因工负伤停止工作治病休息，用人单位不得因此解除劳动合同的期限</td></tr>
<tr><td>医疗期标　准</td><td colspan="3">●医疗期按照劳动者在本用人单位的工作年限设置。劳动者在本单位工作第 1 年，医疗期为 3 个月；以后工作每满 1 年，医疗期增加 1 个月，但不超过 24 个月。
●下列情形中关于医疗期的约定长于上述规定的，从其约定：
1.集体合同对医疗期有特别约定的；
2.劳动合同对医疗期有特别约定的；
3.用人单位内部规章制度对医疗期有特别规定的</td></tr>
<tr><td>医疗期延　长</td><td colspan="3">●劳动者经劳动能力鉴定委员会鉴定为完全丧失劳动能力但不符合退休、退职条件的，应当延长医疗期。延长的医疗期由用人单位与劳动者具体约定，但约定延长的医疗期与前条规定的医疗期合计不得低于 24 个月。
●关于特殊疾病的医疗期问题：根据目前的实际情况，对某些患特殊疾病（如癌症、精神病、瘫痪等）的职工，在 24 个月内尚不能痊愈的，经企业和劳动主管部门批准，可以适当延长医疗期</td></tr>
<tr><td>医疗期计　算</td><td colspan="3">职工疾病或非因工负伤休假日数应按实际休假日数计算，连续休假期内含有休息日、节假日的应予剔除</td></tr>
<tr><td>医疗期满合同解除</td><td colspan="3">劳动者在本单位工作期间累计病休时间超过按照规定享受的医疗期，用人单位可以依法与其解除劳动合同</td></tr>
<tr><td>医疗期内法定续延</td><td colspan="3">劳动合同期满，劳动者患病或者非因工负伤，在规定的医疗期内的，劳动合同应当续延至相应的情形消失时终止</td></tr>
<tr><td>备　　注</td><td colspan="3">●上海市 2002 年 5 月 1 日前签订的劳动合同且仍有效的，医疗期按 2002 年 5 月 1 日前的国家及本市规定执行。
●外省市医疗期标准可参照国家劳动部劳部发〔1994〕479 号、劳部发〔1995〕236 号以及当地人力资源和社会保障部门颁布的相关文件执行</td></tr>
<tr><td rowspan="4">规定文件</td><td>上海市人民政府印发修订后的《关于本市劳动者在履行劳动合同期间患病或者非因工负伤的医疗期标准的规定》的通知（沪府发〔2015〕40 号）</td><td rowspan="4">执行时间</td><td>2015-05-01</td></tr>
<tr><td>中华人民共和国劳动合同法（中华人民共和国主席令第 65 号）</td><td>2008-01-01
2012-12-28
修正</td></tr>
<tr><td>劳动部关于贯彻《企业职工患病或非因工负伤医疗期规定》的通知（劳部发〔1995〕236 号）</td><td>1995-05-23</td></tr>
<tr><td>上海市劳动局关于加强企业职工疾病休假管理保障职工疾病休假期间生活的通知（沪劳保发〔1995〕83 号）</td><td>1995-10-01</td></tr>
</table>

四、婚假

条文主旨	内容摘要		
结婚年龄	结婚年龄，男不得早于二十二周岁，女不得早于二十周岁		
法定婚假	职工本人结婚，酌情给予一到三天婚假		
上海市增加的婚假	●符合法律规定结婚的公民，除享受国家规定的婚假外，增加婚假七天。 ●增加的婚假一般应当与婚假合并连续使用，享受婚假同等待遇。 ●增加的婚假遇法定节假日顺延		
规定文件	中华人民共和国民法典（中华人民共和国主席令第45号）	执行时间	2021-01-01
	国家劳动总局关于国营企业职工请婚丧假和路程假问题的通知（国家劳动总局、财政部〔80〕劳总薪字29号）		1980-02-20
	上海市人民代表大会常务委员会关于修改《上海市人口与计划生育条例》的决定（上海市人民代表大会常务委员会公告〔15届〕第97号）		2021-11-25
	上海市人民政府关于印发修订后的《上海市计划生育奖励与补助若干规定》的通知（沪府规〔2022〕18号）		2022-11-01 至 2027-10-31

五、丧假

文　号	标　题	内容摘要	执行时间
国家劳动总局、财政部〔80〕劳总薪字29号	关于国营企业职工请婚丧假和路程假问题的通知	职工的直系亲属（父母、配偶和子女）死亡时，由本单位行政领导批准，酌情给予一至三天的丧假	1980-02-20
上海市劳动局、上海市人事局、上海市财政局沪劳资发〔87〕130号	关于职工的岳父母或公婆等亲属死亡后可给予请丧假问题的通知	职工的岳父母或公婆死亡后，需要职工料理丧事的，由本单位行政领导批准，可给予一至三天的丧假	1987-10-15

六、探亲假

(一)职工探亲

<table>
<tr><td rowspan="2">对象</td><td colspan="5" rowspan="2">探望配偶</td><td colspan="3">探望父母(包括自幼抚养职工长大的亲属)</td></tr>
<tr><td>未婚职工</td><td colspan="2">已婚职工</td></tr>
<tr><td>条件</td><td colspan="5">工作满一年,与配偶不住在一起,
又不能利用公休假日在家居住一昼夜的</td><td>与父母都不住在一起,
又不能在公休假日团聚的</td><td colspan="2">同左</td></tr>
<tr><td>假期(路程假按实际需要另加)</td><td colspan="5">每年一次 30 天(个别职工因往返时间长自愿二年一次的为 60 天)</td><td>每年一次 20 天(自愿二年一次的为 45 天)</td><td colspan="2">每四年一次 20 天</td></tr>
<tr><td rowspan="2">路费报销</td><td colspan="2">火车</td><td>轮船</td><td>长途汽车以及市内交通费(不包括出租车辆)</td><td>中转住宿每次</td><td>同左</td><td>往返路费在本人月工资 30%以内</td><td>超过 30%部分</td></tr>
<tr><td>硬座</td><td>50 周岁以上,乘火车 48 小时以上报硬卧</td><td>四等舱位</td><td>凭据报销</td><td>一天</td><td>同左</td><td>自理</td><td>报销</td></tr>
<tr><td>待遇</td><td colspan="8">用人单位应当按规定支付假期工资</td></tr>
<tr><td>备注</td><td colspan="8">1. 假期时间,包括公休假日和法定假日。
2. 工作满一年或四年以上的职工,可享受规定的探亲待遇。
3. 职工在探亲期间患急病,要有医疗机构(乡卫生院以上的医疗机构)的证明,向所在单位请假,可按照病假处理</td></tr>
<tr><td>规定文件</td><td colspan="8">国务院 国发〔1981〕36 号、财政部 〔81〕财事字第 113 号、上海市人民政府 沪府发〔1981〕32 号、上海市劳动局 沪劳〔81〕资创字第 92 号、上海市劳动和社会保障局 沪人社综发〔2016〕29 号</td></tr>
</table>

(二)归侨、侨眷、台胞、台属职工探亲

<table>
<tr><th>探亲对象</th><th>出境探亲假期</th><th colspan="2">备　注</th></tr>
<tr><td>探望配偶</td><td>四年以上(含四年)一次的,给假半年;
不足四年的,按每年给假一个月计算</td><td colspan="2" rowspan="3">1.上述假期包括公休日和法定节日;
2.按实际需要给予路程假;
3.国内或境内探亲按《国务院关于职工探亲待遇的规定》享受待遇</td></tr>
<tr><td>未婚
探望父母</td><td>四年以上(含四年)一次的给假四个月;
三年一次的,给假 70 天;
二年一次的,给假 45 天;
一年一次的,给假 20 天</td></tr>
<tr><td>已婚
探望父母</td><td>每四年给假一次,假期为 40 天</td></tr>
<tr><td rowspan="2">规定文件</td><td>国务院侨办关于归侨、侨眷职工出境探亲待遇问题的通知(〔82〕侨政会字第 011 号)</td><td rowspan="2">执行
时间</td><td>1982-04-09</td></tr>
<tr><td>劳动人事部关于台胞职工出境探亲待遇问题的通知(劳人险〔1983〕16 号)</td><td>1983-04-06</td></tr>
</table>

七、公民应征兵役的公假

文　号	标　题	内　容　摘　要	执行时间
上海市人民代表大会常务委员会公告第 24 号	上海市征兵工作条例	●适龄公民参加兵役登记应当视为出勤。 ●应征公民参加体格检查应当视为出勤	1994-11-01 1997-10-17 第一次修正 2002-06-20 第二次修正 2010-09-17 第三次修正

八、极端天气误工处理

文 号	标 题	内 容 摘 要	执行时间
上海市人民政府办公厅沪府办规〔2019〕9号	关于本市应对极端天气停课安排和误工处理的实施意见	●当本市发布台风、暴雨、暴雪、道路结冰等红色预警(以下称“气象灾害红色预警”)时,除政府机关和直接保障城市运行的企事业单位外,其他用人单位可采取临时停产、停工、停业等措施。 ●用人单位要从保护职工安全角度出发,根据本实施意见,事先制定具体应对计划,明确应当或无须上班的人员和情形条件,以及复产、复工、复业的情形,并告知职工。气象灾害红色预警发布后,用人单位和职工要按照制定的具体应对计划,采取相应措施。应当上班而不能按时到岗的职工,要及时与本单位联系。 ●职工因气象灾害红色预警造成误工的,用人单位不得作迟到、缺勤处理,不得扣减工资福利,不得用法定假日、休息日作补偿,不得以此理由对误工者给予纪律处分或解除劳动关系等。 ●在工作时间发出气象灾害红色预警的,用人单位要按照有关法律法规和其他相关规定,及时停止港口、在建工地等不适合在此气象条件下的户外作业和大型活动	2019-08-01

第五章　劳动报酬

一、工资指导线

发文单位	标　题	内　容　摘　要	发布时间
上海市总工会、上海市企业联合会/企业家协会、上海市工商业联合会	关于2023年本市企业工资指导线的意见	●平均线为5%。生产经营正常、经济效益增长的企业,可参照平均线确定工资增长幅度。上年平均工资水平为全市平均工资二倍以上的企业,工资增长幅度应低于平均线;上年平均工资水平低于全市平均工资60%的企业,增长幅度可适当高于平均线。 ●下线为2%。经济效益下降的企业,可参照下线确定工资增长幅度。生产经营困难、经济效益较差的企业,工资增长幅度可以低于下线。 ●企业应当通过工资集体协商等形式合理确定平均工资增长幅度,以及不同岗位人员的工资水平,既促进企业的发展,又保障职工的权益,维护劳动关系的和谐稳定,企业工资增长应当与劳动生产率提高相适应,工资分配应向关键岗位、生产服务一线岗位和技术技能岗位倾斜,工资水平偏低的一线职工工资增长幅度应当不低于本企业职工工资的平均增长幅度,企业高管的工资增长幅度应低于本企业职工工资的平均增长幅度	2023-03-25

二、城镇单位就业人员平均工资

发布单位	标题	内容摘要	发布时间
上海市人力资源和社会保障局	关于本市2023年度社保缴费基数上下限的通告	本市2022年度全口径城镇单位就业人员平均工资为12183元/月(故2022年上海市城镇单位就业人员平均工资为146196元)	2023-06-28

注:2023年7月1日起,本市人才引进相关政策(包括直接落户、居转户、留学回国人员落户、居住证积分等业务)中涉及"城镇单位就业人员平均工资"的事项,按11396元/月执行。

三、最低工资标准

文号	标题	内容摘要	执行时间
上海市人力资源和社会保障局沪人社规〔2023〕19号	关于调整本市最低工资标准的通知	●月最低工资标准从2590元调整为2690元。 ●下列项目不作为月最低工资的组成部分,由用人单位另行支付: 1.延长工作时间的工资; 2.夏季高温津贴、中夜班津贴及有毒有害等特殊工作环境下的岗位津贴; 3.伙食补贴、上下班交通费补贴、住房补贴; 4.个人依法缴纳的社会保险费和住房公积金	2023-07-01

附一:历年全市职工平均工资/城镇单位就业人员平均工资

年度	年平均工资（元）	月平均工资（元）	比上年增长（%）	文　　号
2022	146196	12183	6.9	—
2021	136757	11396	10.2	—
2020	124056	10338	7.9	—
2019	114962	9580	9.3	—
2018	105176	8765	注	—
2017	85582	7132	9.7	沪人社综〔2018〕87 号
2016	78045	6504	9.5	沪人社综〔2017〕106 号
2015	71268	5939	8.9	沪人社综发〔2016〕12 号
2014	65417	5451	8.2	沪人社综发〔2015〕15 号
2013	60435	5036	7.3	沪人社综发〔2014〕11 号
2012	56300	4692	8.3	沪人社综〔2013〕151 号
2011	51968	4331	11.1	沪人社综发〔2012〕21 号
2010	46757	3896	9.3	沪人社综发〔2011〕25 号
2009	42789	3566	8.3	沪人社综发〔2010〕20 号
2008	39502	3292	13.8	沪人社综发〔2009〕15 号
2007	34707	2892	17.4	沪劳保综发〔2008〕21 号
2006	29569	2464	10.2	沪劳保综发〔2007〕12 号
2005	26823	2235	9.9	沪劳保综发〔2006〕5 号
2004	24398	2033	10.1	沪劳保综发〔2005〕10 号
2003	22160	1847	13.8	沪劳保综发〔2004〕12 号
2002	19473	1623	9.7	沪劳保综发〔2003〕8 号
2001	17764	1480	15.2	沪劳保综发〔2002〕5 号
2000	15420	1285	9.0	沪劳保综发〔2001〕17 号
1999	14147	1179	17.3	沪劳保综发〔2000〕19 号
1998	12060	1005	5.5	沪劳保综发〔1999〕18 号
1997	11424	952	7.1	沪劳综发〔1998〕15 号
1996	10668	889	15.0	沪劳综发〔1997〕20 号
1995	9276	773	25.3	沪劳综发〔96〕48 号
1994	7401	617	32.1	沪劳综发〔95〕23 号
1993	5650	471	31.3	沪劳综发〔94〕13 号

注:从 2019 年起发布上年“上海市城镇单位就业人员平均工资”,原发布的“全市职工平均工资”不再发布。新、老平均工资在统计的地域范围、调查对象、人员类型等方面存在差异,两者指标不可比。

附二:历年最低工资标准

年份	最低工资（元/月）	执行时间	文号
2023	2690	2023-07-01	沪人社规〔2023〕19 号
2022	2590	2021-07-01	沪人社规〔2021〕18 号
2021	2590		
2020	2480	2019-04-01	沪人社规〔2019〕5 号
2019	2480		
2018	2420	2018-04-01	沪人社规〔2018〕6 号
2017	2300	2017-04-01	沪人社规〔2017〕12 号
2016	2190	2016-04-01	沪人社综发〔2016〕11 号
2015	2020	2015-04-01	沪人社综发〔2015〕10 号
2014	1820	2014-04-01	沪人社综发〔2014〕6 号
2013	1620	2013-04-01	沪人社综发〔2013〕16 号
2012	1450	2012-04-01	沪人社综发〔2012〕18 号
2011	1280	2011-04-01	沪人社综发〔2011〕24 号
2010	1120	2010-04-01	沪人社综发〔2010〕21 号
2009	960	2008-04-01	沪劳保综发〔2008〕23 号
2008	960		
2007	840	2007-09-01	沪劳保综发〔2007〕31 号
2006	750	2006-09-01	沪劳保综发〔2006〕29 号
2005	690	2005-07-01	沪劳保综发〔2005〕24 号
2004	635	2004-07-01	沪劳保综发〔2004〕30 号
2003	570	2003-07-01	沪劳保综发〔2003〕31 号
2002	535	2002-07-01	沪劳保综发〔2002〕36 号
2001	490	2001-07-01	沪劳保综发〔2001〕45 号
2000	445	2000-12-01	沪劳保综发〔2000〕55 号
1999	423	1999-07-01	沪劳保综发〔1999〕69 号
	370	1999-04-01	沪劳保综发〔1999〕37 号
1998	325	1998-04-01	沪劳综发〔1998〕22 号
1997	315	1997-04-01	沪劳综发〔1997〕27 号
1996	300	1996-04-01	沪民救〔1996〕第 16 号
1995	270	1995-04-01	沪劳综发〔95〕22 号
1994	220	1994-07-01	沪劳综发〔94〕47 号
1993	210	1993-06-01	沪劳资发〔93〕42 号

四、工资的折算

文　号	标　题	内　容　摘　要	执行时间
劳动和社会保障部劳社部发〔2008〕3号	关于职工全年月平均工作时间和工资折算问题的通知	日工资、小时工资的折算 日工资：月工资收入÷月计薪天数 小时工资：月工资收入÷(月计薪天数×8小时) 月计薪天数＝(365天-104天)÷12月＝21.75天	2008-01-03
上海市劳动和社会保障局沪劳保综发〔2008〕3号	关于转发劳动和社会保障部《关于职工全年月平均工作时间和工资折算问题的通知》的通知	凡涉及日工资、小时工资折算的相关事宜，均按此规定执行	2008-01-15

五、加班工资和假期工资

条文主旨	内　容　摘　要
基本原则	●企业安排劳动者加班的，应当按规定支付加班工资。 ●劳动者在依法享受婚假、丧假、探亲假、病假等假期期间，企业应当按规定支付假期工资
加班工资和假期工资的计算基数	●加班工资和假期工资的计算基数为劳动者所在岗位相对应的正常出勤月工资，不包括年终奖，上下班交通补贴、工作餐补贴、住房补贴，中夜班津贴、夏季高温津贴、加班工资等特殊情况下支付的工资。 ●加班工资和假期工资的计算基数按以下原则确定： 1.劳动合同对劳动者月工资有明确约定的，按劳动合同约定的劳动者所在岗位相对应的月工资确定；实际履行与劳动合同约定不一致的，按实际履行的劳动者所在岗位相对应的月工资确定。 2.劳动合同对劳动者月工资未明确约定，集体合同(工资专项集体合同)对岗位相对应的月工资有约定的，按集体合同(工资专项集体合同)约定的与劳动者岗位相对应的月工资确定。 3.劳动合同、集体合同(工资专项集体合同)对劳动者月工资均无约定的，按劳动者正常出勤月依照本办法第二条规定的工资(不包括加班工资)的70%确定。 加班工资和假期工资的计算基数不得低于本市规定的最低工资标准。法律、法规另有规定的，从其规定

续表

<table>
<tr><th colspan="2">条文主旨</th><th colspan="3">内　容　摘　要</th></tr>
<tr><td rowspan="4">加班工资的支付标准</td><td>标准工时制</td><td colspan="3">用人单位应当按照下列标准支付高于劳动者正常工作时间工资的工资报酬：
1.安排劳动者延长工作时间的，支付不低于工资的150%的工资报酬；
2.休息日安排劳动者工作又不能安排补休的，支付不低于工资的200%的工资报酬；
3.法定休假日安排劳动者工作的，支付不低于工资的300%的工资报酬</td></tr>
<tr><td>计件工资制</td><td colspan="3">●企业依法安排实行计件工资制的劳动者完成计件定额任务后，在法定标准工作时间以外工作的，应当根据以上原则相应调整计件单价。
●计件定额应通过一定的民主管理程序合理制定</td></tr>
<tr><td>综合计算工时制</td><td colspan="3">●经人力资源社会保障行政部门批准实行综合计算工时工作制的企业，劳动者综合计算工作时间超过法定标准工作时间的，应当视为延长工作时间，并按不低于工资的150%的工资报酬支付劳动者延长工作时间的加班工资；
●企业在法定休假节日安排劳动者工作的，按不低于工资的300%的工资报酬支付加班工资</td></tr>
<tr><td>不定时工时制</td><td colspan="3">经人力资源社会保障行政部门批准实行不定时工时制的劳动者，在法定休假节日由企业安排工作的，按不低于工资的300%的工资报酬支付加班工资</td></tr>
<tr><td colspan="2" rowspan="2">规定文件</td><td>中华人民共和国劳动法（中华人民共和国主席令第28号）</td><td rowspan="2">执行时间</td><td>1995-01-01
2009-08-27
第一次修正
2018-12-29
第二次修正</td></tr>
<tr><td>上海市人力资源和社会保障局关于印发《上海市企业工资支付办法》的通知（沪人社综发〔2016〕29号）</td><td>2016-08-01
至
2026-08-15</td></tr>
</table>

六、延期支付工资和停工停产期工资

文　号	标　题	内　容　摘　要	执行时间
上海市人力资源和社会保障局沪人社综发〔2016〕29号	关于印发《上海市企业工资支付办法》的通知	●企业确因生产经营困难，资金周转受到影响，暂时无法按时支付工资的，经与本企业工会或职工代表协商一致，可以延期在一个月内支付劳动者工资，延期支付工资的时间应告知全体劳动者。 ●企业停工、停产在一个工资支付周期内的，应当按约定支付劳动者工资。超过一个工资支付周期的，企业可根据劳动者提供的劳动，按双方新的约定支付工资，但不得低于本市规定的最低工资标准	2016-08-01 至 2026-08-15

七、若干特定情形下的工资支付

条文主旨	内容摘要		
劳动者依法参加社会活动	劳动者在法定工作时间内依法参加社会活动的，企业应视同其提供了正常劳动而支付工资		
年薪制或按考核周期兑现工资	对实行年薪制或按考核周期兑现工资的劳动者，企业应当每月按不低于最低工资的标准预付工资，年终或考核周期期满时结算		
劳动合同终止或解除	企业与劳动者终止或依法解除劳动合同的，企业应当在与劳动者办妥手续时，一次性付清劳动者的工资；对特殊情况双方有约定且不违反法律、法规规定的，从其约定		
劳动者传染病隔离期间	在采取公共卫生预防控制措施时，劳动者疑似患传染病或者病原携带者的密切接触者，经隔离观察后排除的，企业应当视同劳动者提供正常劳动，支付其隔离观察期间的工资		
劳动者被判处管制、缓刑或被拘押等	●被人民法院判处管制、缓刑的劳动者，继续在原企业工作的，企业应当支付劳动者工资。 ●劳动者因涉嫌违法犯罪被拘押或者其他客观原因，使劳动合同无法履行的，企业不支付劳动者工资，但法律、法规另有规定或者双方另有约定的除外		
劳动者违纪降低工资或企业依法从工资中扣除赔偿费	●劳动者违反劳动纪律或规章制度，企业降低其工资的，降低后的工资不得低于本市规定的最低工资标准。 ●劳动者因本人原因给企业造成经济损失，企业依法要其赔偿，并需从工资中扣除赔偿费的，扣除的部分不得超过劳动者当月工资的20%，且扣除后的剩余工资不得低于本市规定的最低工资标准		
劳动者在调解、仲裁、诉讼期间的工资	●企业解除劳动者的劳动合同，引起劳动争议，劳动人事争议仲裁部门或人民法院裁决撤销企业原决定，并且双方恢复劳动关系的，企业应当支付劳动者在调解、仲裁、诉讼期间的工资。 ●其标准为企业解除劳动合同前12个月劳动者本人的月平均工资乘以停发月数。双方都有责任的，根据责任大小各自承担相应的责任		
企业可代扣工资的几种情形	●企业不得克扣劳动者工资。 ●有下列情况之一的，企业可以代扣工资： 1.代缴应由劳动者个人缴纳的个人所得税； 2.代缴应由劳动者个人承担的社会保险费和住房公积金； 3.按法院判决、裁定代扣的抚养费、赡养费； 4.法律、法规规定可以从劳动者工资中扣除的其他费用		
规定文件	上海市人力资源和社会保障局关于印发《上海市企业工资支付办法》的通知（沪人社综发〔2016〕29号）	执行时间	2016-08-01 至 2026-08-15

八、病休假期工资

(一)疾病休假工资的计算

<table>
<tr><th>文　号</th><th>标　题</th><th colspan="6">疾病休假工资(病假六个月以内)</th><th colspan="3">疾病救济费(连续病假六个月以上)</th><th>执行时间</th></tr>
<tr><td rowspan="3">上海市劳动局沪劳保发〔95〕83号</td><td rowspan="3">关于加强企业职工疾病休假管理,保障职工疾病休假期间生活的通知</td><td>连续工龄</td><td>不满二年</td><td>满二年不满四年</td><td>满四年不满六年</td><td>满六年不满八年</td><td>满八年及其以上</td><td>不满一年</td><td>满一年不满三年</td><td>满三年及其以上</td><td rowspan="3">1995-10-01</td></tr>
<tr><td>本人工资</td><td>60%</td><td>70%</td><td>80%</td><td>90%</td><td>100%</td><td>40%</td><td>50%</td><td>60%</td></tr>
<tr><td colspan="9">●职工疾病或非因工负伤待遇高于本市上年度月平均工资的,可按本市上年度月平均工资计发。
●企业现行的疾病、非因工负伤休假待遇计发办法高于本规定的,可继续保留。
●职工疾病或非因工负伤休假日数应按实际休假日数计算,连续休假期内含有休息日、节假日的应予剔除</td></tr>
</table>

(二)疾病休假工资最低标准

文　号	标　题	内　容　摘　要	执行时间
上海市劳动和社会保障局沪劳保保发〔2000〕14号	关于本市企业职工疾病休假工资或疾病救济费最低标准的通知	●职工疾病休假工资或疾病救济费不得低于当年本市企业职工最低工资标准的80%。 ●企业职工疾病休假工资或疾病救济费最低标准不包括应由职工个人缴交的养老、医疗、失业保险费和住房公积金	2000-04-01

九、中夜班津贴

文　号	标　题	内　容　摘　要	执行时间
上海市劳动局沪劳综发〔95〕7号	关于调整中、夜班等津贴标准的通知	●中班(22点以后下班的)津贴标准为2.20元。 ●夜班(24点以后下班的)津贴标准为3.40元。 ●夜间(夜间连续工作12小时的)津贴标准为4.40元。 ●5点以前上班的早餐补助费为0.80元。 ●正常日班职工在夜间值班到22点以后的,发给夜餐费2.20元;通宵值班可发给3.40元	1995-01-01

十、夏季高温津贴

文　号	标　题	内　容　摘　要	执行时间
上海市人力资源和社会保障局沪人社规〔2019〕19号	关于调整本市夏季高温津贴标准的通知	●企业每年6月至9月安排劳动者露天工作以及不能采取有效措施将工作场所温度降低到33℃以下的(不含33℃),应当向劳动者支付夏季高温津贴,标准为每月300元。 ●对于劳动者工作场所的性质难以确定的特殊情况,企业应结合实际,通过工资集体协商等民主管理程序,合理制定发放办法。 ●夏季高温津贴纳入工资总额。 ●企业在发放夏季高温津贴的同时,应继续做好工作现场清凉饮料的供应。 ●有雇工的个体经济组织、民办非企业等用人单位参照执行	2019-06-01

附:高温天气作业

文 号	标 题	内 容 摘 要	执行时间
国家安全生产监督管理总局、卫生部、人力资源和社会保障部、中华全国总工会安监总安健〔2012〕89号	关于印发防暑降温措施管理办法的通知	●高温作业是指有高气温,或有强烈的热辐射,或伴有高气湿(相对湿度≥80%RH)相结合的异常作业条件、湿球黑球温度指数(WBGT指数)超过规定限值的作业。 ●高温天气是指地市级以上气象主管部门所属气象台站向公众发布的日最高气温35℃以上的天气。 ●高温天气作业是指用人单位在高温天气期间安排劳动者在高温自然气象环境下进行的作业。 ●用人单位应当根据地市级以上气象主管部门所属气象台当日发布的预报气温,调整作业时间,但因人身财产安全和公众利益需要紧急处理的除外: 1.日最高气温达到40℃以上,应当停止当日室外露天作业; 2.日最高气温达到37℃以上、40℃以下时,用人单位全天安排劳动者室外露天作业时间累计不得超过6小时,连续作业时间不得超过国家规定,且在气温最高时段3小时内不得安排室外露天作业; 3.日最高气温达到35℃以上、37℃以下时,用人单位应当采取换班轮休等方式,缩短劳动者连续作业时间,并且不得安排室外露天作业劳动者加班。 ●用人单位不得安排怀孕女职工和未成年工在35℃以上的高温天气期间从事室外露天作业及温度在33℃以上的工作场所作业。 ●因高温天气停止工作、缩短工作时间的,用人单位不得扣除或降低劳动者工资。 ●用人单位不得以发放钱物替代提供防暑降温饮料。防暑降温饮料不得充抵高温津贴。 ●本办法所称"以上"摄氏度(℃)含本数,"以下"摄氏度(℃)不含本数	2012-06-29

十一、保健食品费

文　号	标　题	内　容　摘　要	执行时间
上海市劳动和社会保障局沪劳保发〔1998〕24号	关于调整本市企业保健食品费发放标准的通知	●接触有毒有害作业人员保健食品费： 甲类为3.75元/天； 乙类为3.25元/天； 丙类为2.70元/天。 ●从事高温作业人员保健食品费： 高温季节含盐菜为2.70元/天； 高温季节含盐菜汤为1.85元/天	1998-04-01

第六章 经济补偿

一、经济补偿的几种情形

<table>
<tr><th>文 号</th><th>标 题</th><th colspan="2">类别</th><th>条 件</th><th>补偿标准</th><th>执行时间</th></tr>
<tr><td rowspan="5">中华人民共和国主席令第65号</td><td rowspan="5">中华人民共和国劳动合同法</td><td rowspan="4">合同解除</td><td>协商解除</td><td>用人单位提出与劳动者解除劳动合同的(劳动合同法第三十六条)</td><td rowspan="6">●按劳动者在本单位工作年限,每满一年支付一个月工资标准的经济补偿。6个月以上不满一年的,按一年计算;不满6个月的,支付半个月工资的经济补偿。
●劳动者月工资高于用人单位所在地上年度职工月平均工资三倍的,按职工月平均工资三倍支付,向其支付经济补偿的年限最高不超过12年。
●月工资是指劳动者在劳动合同解除或者终止前12个月的平均工资</td><td rowspan="5">2008-01-01
2012-12-28
修正</td></tr>
<tr><td>劳动者提出</td><td>劳动者可以解除劳动合同的六种情形(劳动合同法第三十八条)</td></tr>
<tr><td>非过失性解除</td><td>用人单位提前30天以书面形式解除劳动合同的三种情形(劳动合同法第四十条)</td></tr>
<tr><td>经济性裁员</td><td>用人单位依法裁减人员的四种情形(劳动合同法第四十一条)</td></tr>
<tr><td rowspan="2">合同终止</td><td colspan="2">●除用人单位维持或者提高劳动合同约定条件续订劳动合同,劳动者不同意续订的情形外,合同期满终止固定期限劳动合同的;
●用人单位被依法宣告破产的;
●用人单位被吊销营业执照、责令关闭、撤销或者用人单位决定提前解散的</td></tr>
<tr><td>中华人民共和国国务院令第535号</td><td>中华人民共和国劳动合同法实施条例</td><td colspan="2">以完成一定工作任务为期限的劳动合同因任务完成而终止的</td><td>2008-09-18</td></tr>
</table>

附一:《上海市劳动合同条例》规定的经济补偿

<table>
<tr><th colspan="2">类　别</th><th>条　　件</th><th>补偿标准</th><th>执行时间</th></tr>
<tr><td rowspan="5">合同解除</td><td>协商解除</td><td>用人单位提出并与劳动者解除劳动合同的</td><td rowspan="3">本单位工作年限每满1年给予劳动者本人1个月工资收入的经济补偿,补偿金额一般不超过劳动者12个月的工资收入</td><td rowspan="7">2002-05-01</td></tr>
<tr><td>劳动者提出</td><td>用人单位以暴力、威胁或者非法限制人身自由的手段强迫劳动的;或者未按照劳动合同约定支付劳动报酬或者提供劳动条件的</td></tr>
<tr><td rowspan="2">非过失性解除</td><td>劳动者不能胜任工作,经过培训或者调整工作岗位,仍不能胜任工作的</td></tr>
<tr><td>劳动者患病或非因工负伤医疗期满不能从事原工作,也不能从事由用人单位另行安排的工作的。或者劳动合同订立时所依据的客观情况发生重大变化,致使原劳动合同无法履行的</td><td rowspan="3">本单位工作年限每满1年支付相当其本人1个月工资收入的经济补偿</td></tr>
<tr><td>经济性裁员</td><td>用人单位确需依法裁减人员的</td></tr>
<tr><td rowspan="2">合同终止</td><td colspan="2">用人单位破产、解散或者被撤销的</td></tr>
<tr><td colspan="3">劳动合同约定的终止条件和《条例》规定的解除条件相同的,用人单位应当按条例相应解除合同的补偿标准,给予经济补偿</td></tr>
</table>

注:计算经济补偿时,本单位工作年限满6个月不满1年的,按1年计算。

附二：无须支付经济补偿的几种情形

<table>
<tr><th>文　号</th><th>标　题</th><th colspan="2">类别</th><th>条　件</th><th>执行时间</th></tr>
<tr><td rowspan="4">中华人民共和国主席令第65号</td><td rowspan="4">中华人民共和国劳动合同法</td><td rowspan="3">合同解除</td><td rowspan="2">劳动者提出</td><td>劳动者提前三十日以书面形式通知用人单位解除劳动合同的</td><td rowspan="4">2008-01-01
2012-12-28
修正</td></tr>
<tr><td>劳动者在试用期内提前三日通知用人单位解除劳动合同的</td></tr>
<tr><td>过失性解除</td><td>劳动者有下列情形之一，用人单位解除劳动合同的：
1.在试用期间被证明不符合录用条件的；
2.严重违反用人单位的规章制度的；
3.严重失职，营私舞弊，给用人单位造成重大损害的；
4.同时与其他用人单位建立劳动关系，对完成本单位的工作任务造成严重影响，或者经用人单位提出，拒不改正的；
5.以欺诈、胁迫的手段或者乘人之危，使用人单位在违背真实意思的情况下订立或者变更劳动合同，致使劳动合同无效的；
6.被依法追究刑事责任的</td></tr>
<tr><td rowspan="2">合同终止</td><td colspan="2">●劳动者开始依法享受基本养老保险待遇的。
●劳动者死亡，或者被人民法院宣告死亡或者宣告失踪的</td></tr>
<tr><td>中华人民共和国国务院令第535号</td><td>中华人民共和国劳动合同法实施条例</td><td colspan="2">劳动者达到法定退休年龄的</td><td>2008-09-18</td></tr>
</table>

注：劳动部办公厅劳办发〔1994〕289号文明确“被依法追究刑事责任”，具体指：（1）被人民检察院免予起诉的；（2）被人民法院判处刑罚（主刑：管制、拘役、有期徒刑、无期徒刑、死刑；附加刑：罚金、剥夺政治权利、没收财产）的；（3）被人民法院依据刑法第三十二条免予刑事处分的。

二、经济补偿计算

文　号	标　题	内　容　摘　要	执行时间
中华人民共和国国务院令第535号	中华人民共和国劳动合同法实施条例	●经济补偿的月工资按照劳动者应得工资计算，包括计时工资或者计件工资以及奖金、津贴和补贴等货币性收入。 ●劳动者在劳动合同解除或者终止前12个月的平均工资低于当地最低工资标准的，按照当地最低工资标准计算。 ●劳动者工作不满12个月的，按照实际工作的月数计算平均工资。 ●劳动者非因本人原因从原用人单位被安排到新用人单位工作的，劳动者在原用人单位的工作年限合并计算为新用人单位的工作年限。原用人单位已经向劳动者支付经济补偿的，新用人单位在依法解除、终止劳动合同计算支付经济补偿的工作年限时，不再计算劳动者在原用人单位的工作年限	2008-09-18
最高人民法院法释〔2020〕26号	关于审理劳动争议案件适用法律若干问题的解释(一)	用人单位符合下列情形之一的，应当认定属于“劳动者非因本人原因从原用人单位被安排到新用人单位工作”： 1.劳动者仍在原工作场所、工作岗位工作，劳动合同主体由原用人单位变更为新用人单位； 2.用人单位以组织委派或任命形式对劳动者进行工作调动； 3.因用人单位合并、分立等原因导致劳动者工作调动； 4.用人单位及其关联企业与劳动者轮流订立劳动合同； 5.其他合理情形	2021-01-01

续表

文　号	标　题	内　容　摘　要	执行时间
上海市劳动和社会保障局沪劳保关发〔2002〕13号	关于实施《上海市劳动合同条例》若干问题的通知	股票、期权、红利等与投资相关并不列入工资总额的收益，不作为解除或者终止劳动合同的经济补偿的计发基数	2002-05-01

三、医疗补助费

文　号	标　题	内　容　摘　要	执行时间
上海市人民代表大会常务委员会公告第58号	上海市劳动合同条例	●用人单位依据劳动者患病或非因工负伤，医疗期满后，不能从事原工作也不能从事由用人单位另行安排的工作的情形而解除劳动合同的，除按规定支付经济补偿外，还应给予不低于劳动者本人六个月工资收入的医疗补助费。 ●工资收入按劳动者解除劳动合同前十二个月的平均工资收入计算。 ●劳动者月平均工资收入低于本市职工最低工资标准的，按本市职工最低工资标准计算	2002-05-01
劳动部劳部发〔1996〕354号	关于实行劳动合同制度若干问题的通知	劳动者患病或者非因工负伤，合同期满终止劳动合同的，用人单位应当支付不低于六个月工资的医疗补助费；对患重病或绝症的，还应适当增加医疗补助费	1996-10-31
劳动部办公厅劳办发〔1997〕18号	关于对劳部发〔1996〕354号文件有关问题解释的通知	“劳动者患病或者非因工负伤，合同期满终止劳动合同的，用人单位应当支付不低于六个月工资的医疗补助费”是指合同期满的劳动者终止劳动合同时，医疗期满或者医疗终结被劳动鉴定委员会鉴定为5—10级的，用人单位应当支付不低于六个月工资的医疗补助费。鉴定为1—4级的，应当办理退休、退职手续，享受退休、退职待遇	1997-03-14

第七章　劳动保护

一、女职工权益保障

条文主旨	内　容　摘　要
女职工禁忌从事的劳动范围	●禁止安排女职工从事矿山井下、国家规定的第四级体力劳动强度的劳动和其他禁忌从事的劳动。 ●不得安排女职工在经期从事高处、低温、冷水作业和国家规定的第三级体力劳动强度的劳动。 ●不得安排女职工在怀孕期间从事国家规定的第三级体力劳动强度的劳动和孕期禁忌从事的劳动。 ●不得安排女职工在哺乳未满一周岁的婴儿期间从事国家规定的第三级体力劳动强度的劳动和哺乳期禁忌从事的其他劳动
女职工孕期、产期、哺乳期特殊保护	●用人单位不得因结婚、怀孕、产假、哺乳等情形，降低女职工的工资和福利待遇，限制女职工晋职、晋级、评聘专业技术职称和职务，辞退女职工，单方解除劳动（聘用）合同或者服务协议。但是，用人单位依法解除、终止劳动（聘用）合同、服务协议，或者女职工依法要求解除、终止劳动（聘用）合同、服务协议的除外。 ●女职工在孕期或者哺乳期不适应原工作岗位的，可以与用人单位协商调整该期间的工作岗位或者改善相应的工作条件。女职工在孕期或者哺乳期可以与用人单位协商采用弹性工作时间或者居家办公等灵活的工作方式。 ●女职工按照有关规定享受的产前假、哺乳假期间，其工资不得低于本人原工资的百分之八十，并不得低于本市最低工资标准；调整工资时，产前假、产假、哺乳假视作正常出勤。 ●对怀孕7个月以上，以及哺乳未满1周岁婴儿的女职工，用人单位不得延长劳动时间或者安排夜班劳动
妇科病、乳腺病的筛查	用人单位应当定期为女职工安排妇科疾病、乳腺疾病检查以及妇女特殊需要的其他健康检查。鼓励有条件的单位增加检查次数和检查项目
预防和制止性骚扰	用人单位应当依法采取措施，制定禁止性骚扰的规章制度，把预防和制止性骚扰纳入教育培训的内容，加强安全保卫和管理等工作，预防和制止对妇女的性骚扰；应当畅通投诉渠道，建立和完善调查处置程序，保护受侵害妇女

规定文件		执行时间	
规定文件	中华人民共和国劳动法	执行时间	1995-01-01
	中华人民共和国妇女权益保障法（中华人民共和国主席令第122号）		2023-01-01
	国务院女职工劳动保护特别规定		2012-04-28
	上海市妇女权益保障条例（上海市人民代表大会常务委员会公告〔十五届〕第140号）		2023-01-01

二、生育假期

<table>
<tr><td colspan="2">假期类别</td><td>生育假期时间及享受条件</td></tr>
<tr><td colspan="2">产前检查</td><td>怀孕女职工在劳动时间内进行产前检查,所需时间计入劳动时间</td></tr>
<tr><td colspan="2">工间休息</td><td>女职工妊娠7个月以上,应给予每天工间休息1小时</td></tr>
<tr><td colspan="2">产前假</td><td>●如工作许可,经本人申请,单位批准,女职工妊娠28周以上可请产前假2个半月。产前假只能按预产期在产假前执行。
●经二级及以上医疗保健机构证明有习惯性流产史、严重的妊娠并发症、妊娠合并症等可能影响正常生育的,本人提出申请,用人单位应当批准其产前假</td></tr>
<tr><td rowspan="2">产假</td><td>生育</td><td>产假98天,其中产前可以休假15天;难产的,增加产假15天;生育多胞胎的,每多生育1个婴儿,增加产假15天</td></tr>
<tr><td>流产</td><td>怀孕未满4个月流产的,享受15天产假;怀孕满4个月流产的,享受42天产假</td></tr>
<tr><td colspan="2">生育假和配偶陪产假</td><td>●符合法律法规规定生育的夫妻,女方除享受国家规定的产假外,还可以再享受生育假60天,男方享受配偶陪产假10天。
●生育假一般应当与产假合并连续使用,享受产假同等待遇。
●配偶陪产假应当在产妇产假期间连续使用,按照本人正常出勤应得的工资发给。
●增加的生育假、配偶陪产假,遇法定节假日顺延</td></tr>
<tr><td colspan="2">哺乳时间</td><td>女职工生育后,在其婴儿1周岁内,用人单位应当在每天的劳动时间内为其安排1小时哺乳时间;女职工生育多胞胎的,每多哺乳1个婴儿每天增加1小时哺乳时间</td></tr>
<tr><td colspan="2">哺乳假</td><td>●女职工生育后,若有困难且工作许可,由本人提出申请,经单位批准,产假结束后可请哺乳假6个半月。
●经二级及以上医疗保健机构证明患有产后严重影响母婴身体健康疾病的,本人提出申请,用人单位应当批准其哺乳假</td></tr>
<tr><td colspan="2">育儿假</td><td>符合法律法规规定生育的夫妻,在其子女年满3周岁之前,双方每年可以享受育儿假各5天</td></tr>
</table>

<table>
<tr><td rowspan="5">规定文件</td><td>女职工劳动保护特别规定(中华人民共和国国务院令第619号)</td><td rowspan="5">执行时间</td><td>2012-04-28</td></tr>
<tr><td>上海市女职工劳动保护办法(上海市人民政府令第36号)</td><td>1990-11-01
2010-12-20修正</td></tr>
<tr><td>上海市人口与计划生育条例(上海市人民代表大会常务委员会第九次会议审议通过)</td><td>2004-04-15
2021-11-25
第三次修正</td></tr>
<tr><td>上海市计划生育奖励与补助若干规定(沪府规〔2022〕18号)</td><td>2022-11-01
至
2027-10-31</td></tr>
<tr><td>上海市妇女权益保障条例(上海市人民代表大会常务委员会公告〔十五届〕第140号)</td><td>2023-01-01</td></tr>
</table>

三、实行计划生育手术假期和待遇

假期类别	实行计划生育手术假期时间和待遇		
放置宫内节育器	●休息2天。 ●在术后一周内不做重体力劳动		
放置宫内节育器后	3个月、6个月、12个月内各随访一次，以后每年随访一次，每次休息1天		
取宫内节育器	休息2天		
输精管绝育	休息7天		
输卵管绝育	休息30天		
人工流产	第一次人工流产及因放置宫内节育器、绝育、皮下埋植术后失败的再次人工流产，孕期小于13周且行吸宫术及药物流产的，休息14天；孕期小于13周且行钳刮术的，休息21天；孕期大于13周的，休息30天		
放置皮下埋植剂	休息5天		
取出皮下埋植剂	休息3天		
放置宫内节育器或皮下埋植剂后因月经失调需诊断性刮宫	休息5天		
节育手术假期待遇	实行以上计划生育手术的公民，其假期期间的工资按照本人正常出勤应得的工资发给		
三种情形按病假处理	实行计划生育手术的公民有以下情形之一且经医生同意需要休息的，其假期按病假处理： 1.第一次人工流产后及因放置宫内节育器、绝育、皮下埋植术后失败而再次人工流产后，已休满规定假期。 2.未采取绝育、放置宫内节育器或皮下埋植术而再次人工流产。 3.发生节育手术并发症		
假期计算	●实行计划生育手术的假期，自手术之日起计算。 ●同时实行多项计划生育手术的，多项手术假期累计		
规定文件	上海市计划生育奖励与补助若干规定（沪府规〔2022〕18号	执行时间	2022-11-01至2027-10-31

四、职业病防治

条文主旨	内 容 摘 要
职业病的定义	指企业、事业单位和个体经济组织等用人单位的劳动者在职业活动中，因接触粉尘、放射性物质和其他有毒、有害因素而引起的疾病
职业健康检查分类、项目、周期及技术规范	●按照劳动者接触的职业病危害因素，职业健康检查分为以下六类： 1.接触粉尘类； 2.接触化学因素类； 3.接触物理因素类； 4.接触生物因素类； 5.接触放射因素类； 6.其他类(特殊作业等)。 ●职业健康检查的项目、周期按照《职业健康监护技术规范》(GBZ 188)执行，放射工作人员职业健康检查按照《放射工作人员职业健康监护技术规范》(GBZ 235)等规定执行
用人单位在职业病防治管理中的法定责任	●用人单位与劳动者订立劳动合同(含聘用合同，下同)时，应当将工作过程中可能产生的职业病危害及其后果、职业病防护措施和待遇等如实告知劳动者，并在劳动合同中写明，不得隐瞒或者欺骗。 ●劳动者在已订立劳动合同期间因工作岗位或者工作内容变更，从事与所订立劳动合同中未告知的存在职业病危害的作业时，用人单位应当依照前款规定，向劳动者履行如实告知的义务，并协商变更原劳动合同相关条款。 ●用人单位违反前述两款规定的，劳动者有权拒绝从事存在职业病危害的作业，用人单位不得因此解除与劳动者所订立的劳动合同。 ●用人单位对从事接触职业病危害的作业的劳动者组织上岗前、在岗期间和离岗时的职业健康检查，并将检查结果书面告知劳动者。职业健康检查费用由用人单位承担。 ●用人单位不得安排未经上岗前职业健康检查的劳动者从事接触职业病危害的作业；不得安排有职业禁忌的劳动者从事其所禁忌的作业；对在职业健康检查中发现有与所从事的职业相关的健康损害的劳动者，应当调离原工作岗位，并妥善安置；对未进行离岗前职业健康检查的劳动者不得解除或者终止与其订立的劳动合同。 ●用人单位应当及时安排对疑似职业病病人进行诊断；在疑似职业病病人诊断或者医学观察期间，不得解除或者终止与其订立的劳动合同。 ●用人单位应当保障劳动者行使职业卫生保护权利。因劳动者依法行使正当权利而降低其工资、福利等待遇或者解除、终止与其订立的劳动合同的，其行为无效

续表

条文主旨	内　容　摘　要
用人单位工作场所职业卫生管　理	●配备职业卫生管理人员 职业病危害严重的用人单位，应当设置或者指定职业卫生管理机构或者组织，配备专职职业卫生管理人员。 其他存在职业病危害的用人单位，劳动者超过一百人的，应当设置或者指定职业卫生管理机构或者组织，配备专职职业卫生管理人员；劳动者在一百人以下的，应当配备专职或者兼职的职业卫生管理人员，负责本单位的职业病防治工作。 ●进行职业卫生培训 用人单位应当对劳动者进行上岗前的职业卫生培训和在岗期间的定期职业卫生培训，普及职业卫生知识，督促劳动者遵守职业病防治的法律、法规、规章、国家职业卫生标准和操作规程。 用人单位应当对职业病危害严重的岗位的劳动者，进行专门的职业卫生培训，经培训合格后方可上岗作业。 因变更工艺、技术、设备、材料，或者岗位调整导致劳动者接触的职业病危害因素发生变化的，用人单位应当重新对劳动者进行上岗前的职业卫生培训。 ●提供职业病防护用品 用人单位应当为劳动者提供符合国家职业卫生标准的职业病防护用品，并督促、指导劳动者按照使用规则正确佩戴、使用，不得发放钱物替代发放职业病防护用品。用人单位应当对职业病防护用品进行经常性的维护、保养，确保防护用品有效，不得使用不符合国家职业卫生标准或者已经失效的职业病防护用品。 ●职业病危害因素检测 职业病危害严重的用人单位，应当委托具有相应资质的职业卫生技术服务机构，每年至少进行一次职业病危害因素检测，每三年至少进行一次职业病危害现状评价。 职业病危害一般的用人单位，应当委托具有相应资质的职业卫生技术服务机构，每三年至少进行一次职业病危害因素检测。 检测、评价结果应当存入本单位职业卫生档案，并向卫生健康主管部门报告和劳动者公布。 ●建立职业健康监护档案 用人单位应当按照《用人单位职业健康监护监督管理办法》的规定，为劳动者建立职业健康监护档案，并按照规定的期限妥善保存。 职业健康监护档案应当包括劳动者的职业史、职业病危害接触史、职业健康检查结果、处理结果和职业病诊疗等有关个人健康资料。 劳动者离开用人单位时，有权索取本人职业健康监护档案复印件，用人单位应当如实、无偿提供，并在所提供的复印件上签章

续表

<table>
<tr><th>条文主旨</th><th colspan="3">内　容　摘　要</th></tr>
<tr><td>劳动者的合法权益</td><td colspan="3">●职业病病人除依法享有工伤保险外，依照有关民事法律，尚有获得赔偿的权利的，有权向用人单位提出赔偿要求。
●劳动者可以选择用人单位所在地、本人户籍所在地或者经常居住地的职业病诊断机构进行职业病诊断。
●职业病诊断、鉴定过程中，在确认劳动者职业史、职业病危害接触史时，当事人对劳动关系、工种、工作岗位或者在岗时间有争议的，可以向当地的劳动人事争议仲裁委员会申请仲裁；接到申请的劳动人事争议仲裁委员会应当受理，并在三十日内作出裁决。
●曾经从事接触职业病危害作业、当时没有发现罹患职业病、离开工作岗位后被诊断或鉴定为职业病的符合下列条件的人员，可以自诊断、鉴定为职业病之日起一年内申请工伤认定，社会保险行政部门应当受理：
1.办理退休手续后，未再从事接触职业病危害作业的退休人员；
2.劳动或聘用合同期满后或者本人提出而解除劳动或聘用合同后，未再从事接触职业病危害作业的人员</td></tr>
<tr><td>职业病诊断、健康检查机构的告知责任</td><td colspan="3">●职业健康检查机构应当在职业健康检查结束之日起 30 个工作日内将职业健康检查结果，包括劳动者个人职业健康检查报告和用人单位职业健康检查总结报告，书面告知用人单位，用人单位应当将劳动者个人职业健康检查结果及职业健康检查机构的建议等情况书面告知劳动者。
●职业健康检查机构发现疑似职业病病人时，应当告知劳动者本人并及时通知用人单位。用人单位和职业健康检查机构发现职业病病人或者疑似职业病病人时，应当及时向所在地卫生行政部门报告。确诊为职业病的，用人单位还应当向所在地劳动保障行政部门报告。接到报告的部门应当依法作出处理</td></tr>
<tr><td rowspan="5">规定文件</td><td>中华人民共和国职业病防治法（第九届全国人民代表大会常务委员会第二十四次会议通过）</td><td rowspan="5">执行时间</td><td>2002-05-01
2018-12-29
第四次修正</td></tr>
<tr><td>国家卫生和计划生育委员会职业健康检查管理办法（国家卫生和计划生育委员会令第 5 号）</td><td>2015-05-01</td></tr>
<tr><td>卫生部职业病诊断与鉴定管理办法（中华人民共和国卫生部令第 91 号）</td><td>2013-04-10</td></tr>
<tr><td>人力资源和社会保障部关于执行《工伤保险条例》若干问题的意见（人社部发〔2013〕34 号）</td><td>2013-04-25</td></tr>
<tr><td>工作场所职业卫生管理规定（中华人民共和国国家卫生健康委员会令第 5 号）</td><td>2021-02-01</td></tr>
</table>

五、安全生产

文　号	标　题	内　容　摘　要	执行时间
中华人民共和国主席令第70号	中华人民共和国安全生产法	●生产经营单位应当具备本法和有关法律、行政法规和国家标准或者行业标准规定的安全生产条件；不具备安全生产条件的，不得从事生产经营活动。 ● 矿山、金属冶炼、建筑施工、运输单位和危险物品的生产、经营、储存、装卸单位，应当设置安全生产管理机构或者配备专职安全生产管理人员。 　前款规定以外的其他生产经营单位，从业人员超过一百人的，应当设置安全生产管理机构或者配备专职安全生产管理人员；从业人员在一百人以下的，应当配备专职或者兼职的安全生产管理人员。 ●生产经营单位的特种作业人员必须按照国家有关规定经专门的安全作业培训，取得特种作业操作资格证书，方可上岗作业。 ●生产经营单位应当教育和督促从业人员严格执行本单位的安全生产规章制度和安全操作规程；并向从业人员如实告知作业场所和工作岗位存在的危险因素、防范措施以及事故应急措施。 　生产经营单位应当关注从业人员的身体、心理状况和行为习惯，加强对从业人员的心理疏导、精神慰藉，严格落实岗位安全生产责任，防范从业人员行为异常导致事故发生。 ●生产经营单位与从业人员订立的劳动合同，应当载明有关保障从业人员劳动安全、防止职业危害的事项，以及依法为从业人员办理工伤保险的事项。 ●生产经营单位不得以任何形式与从业人员订立协议，免除或者减轻其对从业人员因生产安全事故伤亡依法应承担的责任	2002-11-01 2009-08-27 第一次修正 2014-08-31 第二次修正 2021-06-10 第三次修正

续表

文　号	标　题	内　容　摘　要	执行时间
中华人民共和国主席令第70号	中华人民共和国安全生产法	●生产经营单位不得因从业人员对本单位安全生产工作提出批评、检举、控告或者拒绝违章指挥、强令冒险作业而降低其工资、福利等待遇或者解除与其订立的劳动合同。 ●从业人员发现直接危及人身安全的紧急情况时，有权停止作业或者在采取可能的应急措施后撤离作业场所。 生产经营单位不得因从业人员在前款紧急情况下停止作业或者采取紧急撤离措施而降低其工资、福利等待遇或者解除与其订立的劳动合同。 ●因生产安全事故受到损害的从业人员，除依法享有工伤保险外，依照有关民事法律尚有获得赔偿的权利的，有权提出赔偿要求。 ●工会有权对建设项目的安全设施与主体工程同时设计、同时施工、同时投入生产和使用进行监督，提出意见。 工会对生产经营单位违反安全生产法律、法规，侵犯从业人员合法权益的行为，有权要求纠正；发现生产经营单位违章指挥、强令冒险作业或者发现事故隐患时，有权提出解决的建议，生产经营单位应当及时研究答复；发现危及从业人员生命安全的情况时，有权向生产经营单位建议组织从业人员撤离危险场所，生产经营单位必须立即作出处理。 工会有权依法参加事故调查，向有关部门提出处理意见，并要求追究有关人员的责任。 ●生产经营单位使用被派遣劳动者的，被派遣劳动者享有本法规定的从业人员的权利，并应当履行本法规定的从业人员的义务	2002-11-01 2009-08-27 第一次修正 2014-08-31 第二次修正 2021-06-10 第三次修正

六、未成年工特殊保护

文　号	标　题	内　容　摘　要	执行时间
中华人民共和国主席令第57号	中华人民共和国未成年人保护法	●任何组织或者个人不得招用未满十六周岁未成年人，国家另有规定的除外。 营业性娱乐场所、酒吧、互联网上网服务营业场所等不适宜未成年人活动的场所不得招用已满十六周岁的未成年人。 招用已满十六周岁未成年人的单位和个人应当执行国家在工种、劳动时间、劳动强度和保护措施等方面的规定，不得安排其从事过重、有毒、有害等危害未成年人身心健康的劳动或者危险作业。 ●密切接触未成年人的单位招聘工作人员时，应当向公安机关、人民检察院查询应聘者是否具有性侵害、虐待、拐卖、暴力伤害等违法犯罪记录；发现其具有前述行为记录的，不得录用。 密切接触未成年人的单位应当每年定期对工作人员是否具有上述违法犯罪记录进行查询。通过查询或者其他方式发现其工作人员具有上述行为的，应当及时解聘	2021-06-01
劳动部劳部发〔1994〕498号	关于颁发《未成年工特殊保护规定》的通知	●未成年工是指年满十六周岁，未满十八周岁的劳动者。 ●用人单位不得安排未成年工从事矿山井下、有毒有害、国家规定的第四级体力劳动强度的劳动或者其他禁忌从事的劳动(禁忌范围详见本“通知”文件)。 ●用人单位应按下列要求对未成年工定期进行健康检查： 1.安排工作岗位之前； 2.工作满一年； 3.年满十八周岁，距前一次的体检时间已超过半年。 ●用人单位招收使用未成年工，除符合一般用工要求外，还须向所在地的县级以上劳动行政部门办理登记。劳动行政部门根据《未成年工健康检查表》《未成年工登记表》，核发《未成年工登记证》。 ●未成年工须持《未成年工登记证》上岗	1995-01-01

第八章　劳务派遣

一、经营劳务派遣业务的条件及行政许可

条文主旨	内容摘要
经营条件	●经营劳务派遣业务应当具备下列条件： 1. 注册资本不得少于人民币 200 万元，不实行认缴登记制； 2. 有与开展业务相适应的固定的经营场所和设施； 3. 有符合法律、行政法规规定的劳务派遣管理制度。 ●经营劳务派遣业务，应当向劳动行政部门依法申请行政许可；经许可的，依法办理相应的公司登记。未经许可，任何单位和个人不得经营劳务派遣业务
管辖范围	●市人力资源社会保障行政部门负责办理下列申请人提出的许可申请： 1. 注册资本人民币 1000 万元以上的； 2. 市人力资源社会保障行政部门认为需要由其实施许可的。 ●区人力资源社会保障行政部门负责办理住所地在本行政区域内除应由市人力资源社会保障行政部门管辖以外的申请人提出的许可申请。 ●住所地在浦东新区的申请人提出的许可申请，均由浦东新区人力资源社会保障行政部门负责办理。 ●住所地在中国上海人力资源服务产业园区内的申请人提出的许可申请，均由静安区人力资源社会保障行政部门负责办理。 ●区人力资源社会保障行政部门之间因许可的管辖范围问题有异议的，可协商解决；协商不成的，由市人力资源社会保障行政部门指定
办理程序	●申请人可以通过上海市“一网通办”平台在线填写申请书，向人力资源社会保障行政部门提出劳务派遣许可申请。 ●申请人在许可证有效期届满 30 日前向人力资源社会保障行政部门申请延续许可的，应当提交劳务派遣经营许可申请书、近 3 年劳务派遣基本经营情况表。申请人申请变更住所、注册资本导致许可管辖发生变化的、在许可证有效期届满 30 日内申请延续许可的、在许可证有效期届满后重新申请许可的，按照新申请经营劳务派遣行政许可处理

续表

条文主旨	内容摘要
办理程序	●申请经营劳务派遣业务的，人力资源社会保障行政部门应当自受理之日起10个工作日内依法作出是否准予行政许可的决定；10个工作日内不能作出决定的，经本行政部门负责人批准，可以延长5个工作日，并将延长期限的理由告知申请人。 ●申请变更的，人力资源社会保障行政部门应当自受理之日起5个工作日内依法作出是否准予变更的决定。 ●申请延续许可的，人力资源社会保障行政部门应当自受理之日起30日内依法作出是否准予延续许可的决定。 ●人力资源社会保障行政部门作出准予行政许可决定的，在5个工作日内通知申请人领取《劳务派遣经营许可证》；作出准予变更或者准予延续许可决定的，换发新证。 ●《劳务派遣经营许可证》有效期为3年。 ●劳务派遣单位设立子公司经营劳务派遣业务的，应当由子公司向所在地许可机关申请行政许可；劳务派遣单位在本市设立分公司经营劳务派遣业务的，应当根据国家市场监督管理总局和人力资源社会保障部关于全国统一“多证合一”改革的要求，由分公司办理“劳务派遣单位设立分公司备案”的事项申报 。 ●劳务派遣单位应当于每年3月31日前向许可机关提交上一年度劳务派遣经营情况报告。 ●在中国(上海)自由贸易试验区及临港新片区，对申请经营劳务派遣业务的许可审批实行告知承诺，浦东新区、奉贤区的其他区域参照执行。 ●申请人选择告知承诺方式申请许可的，可以在上海市“一网通办”平台和市人力资源和社会保障行政部门网站下载告知承诺书文本。告知承诺书经人力资源社会保障行政部门和申请人双方签章后生效。告知承诺书一式两份，由人力资源社会保障行政部门和申请人各保存一份
规定文件	中华人民共和国劳动合同法(中华人民共和国主席令第65号)、劳务派遣行政许可实施办法(中华人民共和国人力资源和社会保障部令第19号)、上海市人力资源和社会保障局关于实施劳务派遣经营许可有关事项的通知(沪人社规〔2021〕33号)、上海市人力资源和社会保障局关于印发《中国(上海)自由贸易试验区及临港新片区实行劳务派遣经营许可告知承诺的试点办法》的通知(沪人社规〔2021〕34号)

二、用工范围和用工比例

文　号	标　题	内　容　摘　要	执行时间
中华人民共和国人力资源和社会保障部令第22号	劳务派遣暂行规定	●用工单位只能在临时性、辅助性或者替代性的工作岗位上使用被派遣劳动者。 前款规定的临时性工作岗位是指存续时间不超过6个月的岗位；辅助性工作岗位是指为主营业务岗位提供服务的非主营业务岗位；替代性工作岗位是指用工单位的劳动者因脱产学习、休假等原因无法工作的一定期间内，可以由其他劳动者替代工作的岗位。 ●用工单位决定使用被派遣劳动者的辅助性岗位，应当经职工代表大会或者全体职工讨论，提出方案和意见，与工会或者职工代表平等协商确定，并在用工单位内公示。 ●用工单位应当严格控制劳务派遣用工数量，使用的被派遣劳动者数量不得超过其用工总量的10%。 前款所称用工总量是指用工单位订立劳动合同人数与使用的被派遣劳动者人数之和。 ●计算劳务派遣用工比例的用工单位是指依照劳动合同法和劳动合同法实施条例可以与劳动者订立劳动合同的用人单位。 ●用工单位在本规定施行前使用被派遣劳动者数量超过其用工总量10%的，应当制定调整用工方案，于本规定施行之日起2年内降至规定比例。但是，《全国人民代表大会常务委员会关于修改〈中华人民共和国劳动合同法〉的决定》公布前已依法订立的劳动合同和劳务派遣协议期限届满日期在本规定施行之日起2年后的，可以依法继续履行至期限届满。 ●用工单位应当将制定的调整用工方案报当地人力资源社会保障行政部门备案。 ●用工单位未将本规定施行前使用的被派遣劳动者数量降至符合规定比例之前，不得新用被派遣劳动者	2014-03-01

三、劳动合同的订立、履行、解除(退回)和终止

文 号	标 题	内 容 摘 要	执行时间
中华人民共和国主席令第65号	中华人民共和国劳动合同法	●劳务派遣单位应当与被派遣劳动者订立2年以上的固定期限劳动合同,按月支付劳动报酬。 ●被派遣劳动者享有与用工单位的劳动者同工同酬的权利。用工单位应当按照同工同酬原则,对被派遣劳动者与本单位同类岗位的劳动者实行相同的劳动报酬分配办法。用工单位无同类岗位劳动者的,参照用工单位所在地相同或者相近岗位劳动者的劳动报酬确定。 劳务派遣单位与被派遣劳动者订立的劳动合同和与用工单位订立的劳务派遣协议,载明或者约定的向被派遣劳动者支付的劳动报酬应当符合前款规定。 ●被派遣劳动者有权在劳务派遣单位或者用工单位依法参加或者组织工会,维护自身的合法权益。 ●被派遣劳动者有本法第三十九条(注:指严重违纪)和第四十条(注:指非过失性解除)第一项(注:指医疗期满)、第二项(注:指不胜任工作)规定情形的,用工单位可以将劳动者退回劳务派遣单位,劳务派遣单位依照本法有关规定,可以与劳动者解除劳动合同	2008-01-01 2012-12-28 修正

续表

文 号	标 题	内 容 摘 要	执行时间
中华人民共和国人力资源和社会保障部令第22号	劳务派遣暂行规定	●劳务派遣单位可以依法与被派遣劳动者约定试用期。劳务派遣单位与同一被派遣劳动者只能约定一次试用期。 ●用工单位应当按照劳动合同法第六十二条规定,向被派遣劳动者提供与工作岗位相关的福利待遇,不得歧视被派遣劳动者。 ●被派遣劳动者在用工单位因工作遭受事故伤害的,劳务派遣单位应当依法申请工伤认定,用工单位应当协助工伤认定的调查核实工作。劳务派遣单位承担工伤保险责任,但可以与用工单位约定补偿办法。 ●(第十二条)有下列情形之一的,用工单位可以将被派遣劳动者退回劳务派遣单位: 1.用工单位有劳动合同法第四十条第三项、第四十一条规定情形的; 2.用工单位被依法宣告破产、吊销营业执照、责令关闭、撤销、决定提前解散或者经营期限届满不再继续经营的; 3.劳务派遣协议期满终止的。被派遣劳动者退回后在无工作期间,劳务派遣单位应当按照不低于所在地人民政府规定的最低工资标准,向其按月支付报酬。 ●被派遣劳动者有劳动合同法第四十二条规定情形的,在派遣期限届满前,用工单位不得依据本规定第十二条第一款第一项规定将被派遣劳动者退回劳务派遣单位;派遣期限届满的,应当延续至相应情形消失时方可退回。 ●被派遣劳动者因本规定第十二条规定被用工单位退回,劳务派遣单位重新派遣时维持或者提高劳动合同约定条件,被派遣劳动者不同意的,劳务派遣单位可以解除劳动合同	2014-03-01

续表

文 号	标 题	内 容 摘 要	执行时间
中华人民共和国人力资源和社会保障部令第22号	劳务派遣暂行规定	●被派遣劳动者因本规定第十二条规定被用工单位退回，劳务派遣单位重新派遣时降低劳动合同约定条件，被派遣劳动者不同意的，劳务派遣单位不得解除劳动合同。但被派遣劳动者提出解除劳动合同的除外。 ●劳务派遣单位被依法宣告破产、吊销营业执照、责令关闭、撤销、决定提前解散或者经营期限届满不再继续经营的，劳动合同终止。用工单位应当与劳务派遣单位协商妥善安置被派遣劳动者。 ●劳务派遣单位行政许可有效期未延续或者《劳务派遣经营许可证》被撤销、吊销的，已经与被派遣劳动者依法订立的劳动合同应当履行至期限届满。双方经协商一致，可以解除劳动合同	2014-03-01
上海市人力资源和社会保障局、上海市高级人民法院	关于劳务派遣适用法律若干问题的会议纪要	依据以下情形之一的，也可退回劳动者： （一）《劳动合同法》第六十五条第二款规定的情形； （二）《劳动合同法》第四十四条第（一）、（二）项规定的情形； （三）《劳动合同法实施条例》第二十一条规定的情形； （四）派遣期限届满的； （五）劳务派遣协议解除的； （六）三方事前约定或者事后达成合意的； （七）用工单位不履行义务，派遣单位主动撤回劳动者的； （八）依据《派遣规定》第十六条规定，派遣单位在办理注销登记手续前，用工单位与派遣单位协商后退回的； （九）违反法律规定派遣进行整改的； （十）其他依据法律规定确需退回的	2014-12-31

四、跨地区劳务派遣

文　号	标　题	内　容　摘　要	执行时间
中华人民共和国主席令第65号	中华人民共和国劳动合同法	劳务派遣单位跨地区派遣劳动者的，被派遣劳动者享有的劳动报酬和劳动条件，按照用工单位所在地的标准执行	2008-01-01 2012-12-28修正
中华人民共和国人力资源和社会保障部令第22号	劳务派遣暂行规定	●劳务派遣单位跨地区派遣劳动者的，应当在用工单位所在地为被派遣劳动者参加社会保险，按照用工单位所在地的规定缴纳社会保险费，被派遣劳动者按照国家规定享受社会保险待遇。 ●劳务派遣单位在用工单位所在地设立分支机构的，由分支机构为被派遣劳动者办理参保手续，缴纳社会保险费。 ●劳务派遣单位未在用工单位所在地设立分支机构的，由用工单位代劳务派遣单位为被派遣劳动者办理参保手续，缴纳社会保险费	2014-03-01

五、其他注意事项

文　号	标　题	内　容　摘　要	执行时间
中华人民共和国主席令第65号	中华人民共和国劳动合同法	●用工单位不得将被派遣劳动者再派遣到其他用人单位。 ●用人单位不得设立劳务派遣单位向本单位或者所属单位派遣劳动者	2008-01-01 2012-12-28修正
中华人民共和国国务院令第535号	中华人民共和国劳动合同法实施条例	●用人单位或者其所属单位出资或者合伙设立的劳务派遣单位，向本单位或者所属单位派遣劳动者的，属于劳动合同法第六十七条规定的不得设立的劳务派遣单位。 ●劳务派遣单位不得以非全日制用工形式招用被派遣劳动者	2008-09-18
人力资源和社会保障部令第22号	劳务派遣暂行规定	用人单位以承揽、外包等名义，按劳务派遣用工形式使用劳动者的，按照本规定处理	2014-03-01

第九章　非全日制劳动用工

一、非全日制用工管理

<table>
<tr><th>条文主旨</th><th colspan="3">内　容　摘　要</th></tr>
<tr><td>定义</td><td colspan="3">非全日制用工，是指以小时计酬为主，劳动者在同一用人单位一般平均每日工作时间不超过 4 小时，每周工作时间累计不超过 24 小时的用工形式</td></tr>
<tr><td>用工登记及退工</td><td colspan="3">●用人单位招用非全日制劳动者，应自招用之日起 30 日内向本市人力资源社会保障经办机构（以下简称“经办机构”）办妥招工登记备案手续。登记信息包括用人单位名称、社会信用证代码、招用员工姓名、公民身份证号码、与职工签订劳动合同的起止时间、用工形式、职业工种等各项内容。
●用人单位与非全日制劳动者解除或终止劳动关系后，应在 15 日内向经办机构办妥退工登记备案手续。
●用人单位可通过网上办事渠道办理招、退工登记备案手续，也可到经办机构线下办理招、退工登记备案手续</td></tr>
<tr><td>劳动报酬</td><td colspan="3">●非全日制用工，劳动报酬结算支付周期最长不得超过 15 日。
●非全日制劳动者的劳动报酬按小时计算。劳动报酬包括非全日制劳动者的工资收入和应当缴纳的社会保险费等。
●劳动者的工资收入水平由用人单位和劳动者协商确定，但每小时不低于小时最低工资收入标准。2023 年度小时最低工资标准为 24 元，小时最低工资不包括个人和单位依法缴纳的社会保险费</td></tr>
<tr><td rowspan="3">规定文件</td><td>中华人民共和国劳动合同法（中华人民共和国主席令第 65 号）</td><td rowspan="3">执行时间</td><td>2008-01-01
2012-12-28
修正</td></tr>
<tr><td>上海市劳动和社会保障局、上海市医疗保险局关于本市非全日制就业的若干问题的通知（沪劳保就发〔2003〕29 号）</td><td>2003-06-20</td></tr>
<tr><td>上海市人力资源和社会保障局关于调整本市最低工资标准的通知（沪人社规〔2023〕19 号）</td><td>2023-07-01</td></tr>
</table>

附:历年非全日制小时最低工资标准

执行日期	最低工资(元)	文　　号
2023-07-01	24.0	沪人社规〔2023〕19 号
2021-07-01	23.0	沪人社规〔2021〕18 号
2019-04-01	22.0	沪人社规〔2019〕5 号
2018-04-01	21.0	沪人社规〔2018〕6 号
2017-04-01	20.0	沪人社规〔2017〕12 号
2016-04-01	19.0	沪人社综发〔2016〕11 号
2015-04-01	18.0	沪人社综发〔2015〕10 号
2014-04-01	17.0	沪人社综发〔2014〕6 号
2013-04-01	14.0	沪人社综发〔2013〕16 号
2012-04-01	12.5	沪人社综发〔2012〕18 号
2011-04-01	11.0	沪人社综发〔2011〕24 号
2010-04-01	9.0	沪人社综发〔2010〕21 号
2008-04-01	8.0	沪劳保综发〔2008〕24 号
2007-09-01	7.5	沪劳保综发〔2007〕32 号
2006-09-01	6.5	沪劳保综发〔2006〕30 号
2005-07-01	6.0	沪劳保综发〔2005〕25 号
2004-07-01	5.5	沪劳保综发〔2004〕31 号
2003-07-01	5.0	沪劳保综发〔2003〕30 号
2001-08-06	4.0	沪劳保综发〔2001〕50 号

二、社会保险费缴纳和待遇

文号	标题	内容摘要	执行时间
上海市人力资源和社会保障局、上海市医疗保障局、国家税务总局上海市税务局沪人社规〔2023〕5号	关于灵活就业人员参加本市职工基本养老、职工基本医疗保险有关问题的通知	●社会保险费缴纳 1.年满16周岁且男性未满60周岁、女性未满55周岁，未在用人单位参加基本养老、医疗保险的非全日制从业人员以灵活就业人员身份参加社会保险。 2.灵活就业人员就业登记和社会保险登记采取个人承诺制、推行集成化办理。就业登记和社会保险登记可以网上办理，也可以在社会保险经办机构、公共就业服务机构或街道、乡(镇)社区事务受理服务中心办理。办理就业登记和社会保险登记后，按规定缴纳基本养老、医疗保险费。 3.灵活就业人员实行按月缴费，不得以事后追补缴费的方式增加缴费年限。 4.灵活就业人员缴纳基本养老、医疗保险费的基数和比例见本书第64页。 ●基本养老、基本医疗保险待遇 1.灵活就业人员男性年满60周岁、女性年满55周岁，缴费年限(含视同缴费年限，下同)满15年的，可以申请按月领取基本养老金，符合国家和本市规定条件的，月基本养老金计发按照本市企业职工基本养老保险办法的规定执行；缴费年限不满15年，待遇领取地按照国家和本市规定确定在本市的，可以继续缴费至满15年后申请按月领取基本养老金。 2.灵活就业人员按规定缴纳职工基本医疗保险费后，其基本医疗保险待遇，以及医保综合减负办法、医保退休待遇认定等按照本市职工基本医疗保险同类人员有关规定执行	2023-05-01 至 2028-04-30

续表

文　号	标　题	内　容　摘　要	执行时间
上海市人民政府令第93号	上海市工伤保险实施办法	●工伤保险待遇 非全日制从业人员因工作遭受事故伤害或者患职业病后，与用人单位的劳动关系按照《中华人民共和国劳动合同法》《上海市劳动合同条例》的规定执行，享受下列工伤保险待遇： 1.按照本办法规定由工伤保险基金支付的工伤保险待遇； 2.由承担工伤责任的用人单位参照本办法规定支付停工留薪期待遇，并不得低于全市职工月最低工资标准； 3.致残一级至四级的，由承担工伤责任的用人单位和工伤人员以享受的伤残津贴为基数，一次性缴纳基本医疗保险费至工伤人员到达法定退休年龄，享受基本医疗保险待遇； 4.致残五级至十级的，由承担工伤责任的用人单位按照本办法规定的标准支付一次性伤残就业补助金	2013-01-01

第十章　境外人员就业管理规定

一、外国人在中国就业管理规定

文　号	标　题	内　容　摘　要	执行时间
上海市劳动和社会保障局沪劳外发〔1998〕25号	关于印发《关于贯彻外国人在中国就业管理规定的若干意见》的通知	●外国人在本市就业(包括劳动报酬来源于境外,受派遣在本市工作三个月以上的),应当申请办理《中华人民共和国外国人就业许可证》和《外国人就业证》。 ●外国人在本市就业须具备下列条件: 1.身体健康,不患有精神病和麻风病、艾滋病、性病、开放性肺结核病等传染病,以及所从事的工作不能患有的疾病; 2.有确定的工作单位; 3.具有从事其工作所必需的专业技能和相适应的学历以及从事相应的工作两年以上的经历; 4.无犯罪记录; 5.持有有效护照或能代替护照的其他国际旅行证件; 6.男性一般在18周岁以上,60周岁以下;女性一般在18周岁以上,55周岁以下。 ●用人单位与获准聘雇的外国人之间有关聘雇期限、岗位、报酬、保险、工作时间、解除聘雇关系条件、违约责任等双方的权利义务,通过劳动合同约定	1998-04-14
劳动部、公安部、外交部、外经贸部劳部发〔1996〕29号	外国人在中国就业管理规定	未取得居留证件的外国人(即持F、L、C、G字签证者),在中国留学、实习的外国人及持Z字签证外国人的随行家属不得在中国就业。特殊情况,应由用人单位按本规定规定的审批程序申领许可证书,被聘用的外国人凭许可证书到公安机关改变身份,办理就业证、居留证后方可就业	1996-05-01 2010-11-12第一次修正 2017-03-13第二次修正

续表

文　号	标　题	内　容　摘　要	执行时间
国家外国专家局、人力资源社会保障部、外交部、公安部外专发〔2017〕40号	关于全面实施外国人来华工作许可制度的通知	●2017年4月1日起，全国统一实施外国人来华工作许可制度，发放《中华人民共和国外国人工作许可通知》（以下简称《外国人工作许可通知》）和《中华人民共和国外国人工作许可证》（以下简称《外国人工作许可证》，由人力资源社会保障部和国家外专局联合印制），来华工作外国人凭《外国人工作许可通知》和《外国人工作许可证》办理相关签证和居留手续。现行有效期内的外国专家来华工作许可和外国人入境就业许可及相关证件继续有效。 ●建立科学、实用的外国人才评估体系，注重能力、实绩和贡献，突出市场评价、国际同行评价等市场需求导向，综合运用计点积分制、外国人在中国工作指导目录、劳动力市场测试和配额管理等，将来华工作外国人分为A、B、C三类，按标准实行分类管理	2017-04-01
国家外国专家局外专发〔2017〕36号	关于印发外国人来华工作许可服务指南（暂行）的通知	●外国高端人才（A类）是指符合“高精尖缺”和市场需求导向，中国经济社会发展需要的科学家、科技领军人才、国际企业家、专门特殊人才等，以及符合计点积分外国高端人才标准（即经过《积分要素计分赋值表》打分，分数在85分以上）的人才。外国高端人才可不受年龄、学历和工作经历限制。 ●外国专业人才（B类）是指符合外国人来华工作指导目录和岗位需求，属于经济社会发展急需的人才，具有学士及以上学位和2年及以上相关工作经历，年龄不超过60周岁；对确有需要，符合创新创业人才、专业技能类人才、优秀外国毕业生、符合计点积分外国专业人才标准（即经过《积分要素计分赋值表》打分，分数在60分以上）的以及执行政府间协议或协定的，可适当放宽年龄、学历或工作经历等限制。国家对专门人员和政府项目人员有规定的，从其规定。 ●其他外国人员（C类）是指满足国内劳动力市场需求，符合国家政策规定的其他外国人员	2017-04-01

二、在中国境内就业外国人参加社会保险

文号	标题	内容摘要	执行时间
中华人民共和国人力资源和社会保障部令第16号	在中国境内就业的外国人参加社会保险暂行办法	●在中国境内依法注册或者登记的企业、事业单位、社会团体、民办非企业单位、基金会、律师事务所、会计师事务所等组织(以下称用人单位)依法招用的外国人,应当依法参加职工基本养老保险、职工基本医疗保险、工伤保险、失业保险和生育保险,由用人单位和本人按照规定缴纳社会保险费。 ●与境外雇主订立雇用合同后,被派遣到在中国境内注册或者登记的分支机构、代表机构(以下称境内工作单位)工作的外国人,由境内工作单位和本人按照规定缴纳社会保险费。 ●参加社会保险的外国人,符合条件的,依法享受社会保险待遇。在达到规定的领取养老金年龄前离境的,其社会保险个人账户予以保留,再次来中国就业的,缴费年限累计计算;经本人书面申请终止社会保险关系的,也可以将其社会保险个人账户储存额一次性支付给本人。 ●具有与中国签订社会保险双边或者多边协议国家国籍的人员在中国境内就业的,其参加社会保险的办法按照协议规定办理	2011-10-15

三、在内地(大陆)就业的香港澳门台湾居民参加社会保险

文号	标题	内容摘要	执行时间
中华人民共和国人力资源和社会保障部、国家医疗保障局令第41号	香港澳门台湾居民在内地(大陆)参加社会保险暂行办法	●在内地(大陆)依法注册或者登记的企业、事业单位、社会组织、有雇工的个体经济组织等用人单位(以下统称用人单位)依法聘用、招用的港澳台居民,应当依法参加职工基本养老保险、职工基本医疗保险、工伤保险、失业保险和生育保险,由用人单位和本人按照规定缴纳社会保险费。 ●用人单位依法聘用、招用港澳台居民的,应当持港澳台居民有效证件,以及劳动合同、聘用合同等证明材料,为其办理社会保险登记。在内地(大陆)依法从事个体工商经营和灵活就业的港澳台居民,按照注册地(居住地)有关规定办理社会保险登记	2020-01-01

续表

文　号	标　题	内　容　摘　要	执行时间
中华人民共和国人力资源和社会保障部、国家医疗保障局令第41号	香港澳门台湾居民在内地(大陆)参加社会保险暂行办法	●在内地(大陆)依法从事个体工商经营的港澳台居民,可以按照注册地有关规定参加职工基本养老保险和职工基本医疗保险;在内地(大陆)灵活就业且办理港澳台居民居住证的港澳台居民,可以按照居住地有关规定参加职工基本养老保险和职工基本医疗保险。 ●参加社会保险的港澳台居民,依法享受社会保险待遇。参加基本医疗保险的港澳台居民,在境外就医所发生的医疗费用不纳入基本医疗保险基金支付范围。 ●参加职工基本养老保险的港澳台居民达到法定退休年龄时,累计缴费不足15年的,可以延长缴费至满15年。社会保险法实施前参保、延长缴费5年后仍不足15年的,可以一次性缴费至满15年。参加职工基本医疗保险的港澳台居民,达到法定退休年龄时累计缴费达到国家规定年限的,退休后不再缴纳基本医疗保险费,按照国家规定享受基本医疗保险待遇;未达到国家规定年限的,可以缴费至国家规定年限。退休人员享受基本医疗保险待遇的缴费年限按照各地规定执行。 ●港澳台居民在达到规定的领取养老金条件前离开内地(大陆)的,其社会保险个人账户予以保留,再次来内地(大陆)就业、居住并继续缴费的,缴费年限累计计算;经本人书面申请终止社会保险关系的,可以将其社会保险个人账户储存额一次性支付给本人。已获得香港、澳门、台湾居民身份的原内地(大陆)居民,离开内地(大陆)时选择保留社会保险关系的,返回内地(大陆)就业、居住并继续参保时,原缴费年限合并计算;离开内地(大陆)时已经选择终止社会保险关系的,原缴费年限不再合并计算,可以将其社会保险个人账户储存额一次性支付给本人	2020-01-01

续表

文　号	标　题	内　容　摘　要	执行时间
中华人民共和国人力资源和社会保障部、国家医疗保障局令第41号	香港澳门台湾居民在内地(大陆)参加社会保险暂行办法	●参加社会保险的港澳台居民在内地(大陆)跨统筹地区流动办理社会保险关系转移时,按照国家有关规定执行。港澳台居民参加企业职工基本养老保险的,不适用建立临时基本养老保险缴费账户的相关规定。已经领取养老保险待遇的,不再办理基本养老保险关系转移接续手续。已经享受退休人员医疗保险待遇的,不再办理基本医疗保险关系转移接续手续。 ●参加职工基本养老保险的港澳台居民跨省流动就业的,应当转移基本养老保险关系。达到待遇领取条件时,在其基本养老保险关系所在地累计缴费年限满10年的,在该地办理待遇领取手续;在其基本养老保险关系所在地累计缴费年限不满10年的,将其基本养老保险关系转回上一个缴费年限满10年的参保地办理待遇领取手续;在各参保地累计缴费年限均不满10年的,由其缴费年限最长的参保地负责归集基本养老保险关系及相应资金,办理待遇领取手续,并支付基本养老保险待遇;如有多个缴费年限相同的最长参保地,则由其最后一个缴费年限最长的参保地负责归集基本养老保险关系及相应资金,办理待遇领取手续,并支付基本养老保险待遇。 ●按月领取基本养老保险、工伤保险待遇的港澳台居民,应当按照社会保险经办机构的规定,办理领取待遇资格认证。按月领取基本养老保险、工伤保险、失业保险待遇的港澳台居民丧失领取资格条件后,本人或者其亲属应当于1个月内向社会保险经办机构如实报告情况。因未主动报告而多领取的待遇应当及时退还社会保险经办机构	2020-01-01

四、外国人永久居留身份证

条文主旨	内　容　摘　要
定义	《外国人永久居留证》是获得在中国永久居留资格的外国人在中国境内居留的合法身份证件，可以单独使用。（注：2017 年 4 月公安部印发的《外国人永久居留证件便利化改革方案》明确，将“外国人永久居留证”更名为“外国人永久居留身份证”。）
申请条件	●申请在中国永久居留的外国人应当遵守中国法律，身体健康，无犯罪记录，并符合下列条件之一： 1.在中国直接投资、连续三年投资情况稳定且纳税记录良好的； 2.在中国担任副总经理、副厂长等职务以上或者具有副教授、副研究员等副高级职称以上以及享受同等待遇，已连续任职满四年、四年内在中国居留累计不少于三年且纳税记录良好的； 3.对中国有重大、突出贡献以及国家特别需要的； 4.本款第一项、第二项、第三项所指人员的配偶及其未满 18 周岁的未婚子女； 5.中国公民或者在中国获得永久居留资格的外国人的配偶，婚姻关系存续满五年、已在中国连续居留满五年、每年在中国居留不少于九个月且有稳定生活保障和住所的； 6.未满 18 周岁未婚子女投靠父母的； 7.在境外无直系亲属，投靠境内直系亲属，且年满 60 周岁、已在中国连续居留满五年、每年在中国居留不少于九个月并有稳定生活保障和住所的。 ●本条所指年限均指申请之日前连续的年限
对达标外籍人才放宽居住时限要求	对在上海市连续工作满 4 年，每年在境内实际居住累计不少于 6 个月，有稳定生活保障和住所，工资性年收入和年缴纳个人所得税达到规定标准的外籍人才，经工作单位推荐，可申请在华永久居留
持有《外国人永久居留证》可享有的主要待遇	●在上海就业，免办《外国人就业证》；符合条件的，可按照国家和本市有关规定向市人力资源社会保障局、市外专局申请办理《外国专家证》、《回国（来华）专家证》以及《上海市海外人才居住证》。可以按规定参加专业技术职务任职资格评审和专业技术人员资格考试。 ●随迁子女义务教育阶段入学，符合条件的，可享受相关政策，由居住地所属区县教育行政部门按照就近入学的原则办理入、转学手续，不收取国家规定以外的费用。 ●在中国境内工作的，依法参加相应社会保险，缴存和使用公积金；在中国境内居住但未工作，且符合统筹地区规定的，可参照国内城乡居民参加居住地城镇居民基本医疗保险和城乡居民基本养老保险，享受社会保险待遇。 ●可持证在中国境内办理金融、教育、医疗、交通、通信、就业和社会保险、财产登记、诉讼等事务
规定文件	中共中央办公厅 国务院办公厅关于加强外国人永久居留服务管理的意见、外国人在中国永久居留审批管理办法（公安部、外交部令第 74 号）、沪人社外发〔2014〕19 号、沪委发〔2016〕19 号

注：根据国家外国专家局 外专发〔2016〕151 号文件的规定，自 2017 年 4 月 1 日起全国统一实施外国人来华工作许可，发放《外国人工作许可通知》和《外国人工作许可证》，不再发放外国专家来华工作许可、外国人入境就业许可及相关证件。

第二部分　保险福利

第十一章　社会保险缴费标准

一、2023 年上海市社会保险缴费标准表

对象及项目	缴费基数(元)	养老保险		医疗保险(含生育保险)		失业保险		工伤保险
		单位	个人	单位	个人	单位	个人	单位
机关、事业单位、企业、社会团体等单位		16%	8%	10%	2%	0.5%	0.5%	本市一类至八类行业基准费率分别为：0.16%、0.32%、0.56%、0.72%、0.88%、1.04%、1.28%、1.52%(详见附一)
有雇工的个体工商户	7310～36549	业主缴交16%	个人(包括业主自己)缴交8%	业主缴交10%	个人(包括业主自己)缴交2%	业主缴交0.5%	个人(包括业主自己)缴交0.5%	
灵活就业人员	7310～36549	24%		11%		—		—
失业人员	7310	—	—	11%		—		—
备注	(1)自 2015 年 10 月 1 日起，本市工伤保险实行行业基准费率，并根据用人单位工伤保险支缴率和工伤事故发生率等因素实行浮动费率(本市工伤保险浮动费率管理办法见本书第 94 页)。(2)自 2023 年 5 月 1 日至 2024 年 12 月 31 日，本市对一类至八类行业用人单位工伤保险基准费率下调 20%。(详见附一)(3)灵活就业人员是指年满 16 周岁且男性未满 60 周岁、女性未满 55 周岁，在本市劳动就业的自雇人员、无雇工个体工商户、未在用人单位参加基本养老、医疗保险的非全日制从业人员以及其他灵活就业人员。(4)失业人员在领取失业保险金期间参加本市职工基本医疗保险，缴费基数为缴费当月职工社会保险缴费基数的下限，所需费用由失业保险基金统一支付，个人不缴纳							
规定文件	沪府令第 59 号、沪府令第 8 号、沪府发〔1999〕7 号、沪府令第 93 号、沪府令第 11 号、沪人社养发〔2013〕22 号、沪人社养发〔2013〕42 号、沪人社就发〔2015〕17 号、沪府〔2017〕48 号、沪医保规〔2019〕8 号、沪人社规〔2021〕24 号、沪医保规〔2022〕6 号、沪人社规〔2023〕5 号、沪人社规〔2023〕9 号							

二、社会保险缴费征缴

文　号	标　题	内　容　摘　要	执行时间
中华人民共和国主席令第35号	中华人民共和国社会保险法	●用人单位应当自用工之日起三十日内为其职工向社会保险经办机构申请办理社会保险登记。未办理社会保险登记的，由社会保险经办机构核定其应当缴纳的社会保险费。 ●用人单位应当自行申报、按时足额缴纳社会保险费，非因不可抗力等法定事由不得缓缴、减免。职工应当缴纳的社会保险费由用人单位代扣代缴，用人单位应当按月将缴纳社会保险费的明细情况告知本人	2011-07-01

三、社会保险缴费基数的确定

文　号	标　题	内　容　摘　要	执行时间
上海市劳动和社会保障局沪劳保基发〔2006〕7号	关于确定缴纳社会保险费工资基数的通知	●当年个人缴费基数按职工本人上年月平均工资性收入确定。个人缴费基数的上限和下限，根据本市公布的上年度全市职工月平均工资的300%和60%相应确定。 ●缴费单位按月缴纳社会保险费的基数按单位内缴费个人月缴费基数之和确定。 ●首次参加工作和变动工作单位的缴费个人，应按新进单位首月全月工资性收入确定月缴费基数。 ●缴费单位应当按本单位上年度实际发生的工资总额，且经职工本人签字确认的年工资性收入，于每年的3月底前向区(县)社保中心办理申报核定手续	2006-03-28
市医疗保障局、市财政局、市卫生健康委员会、市人力资源和社会保障局沪医保规〔2021〕9号	关于进一步做好生育保险有关工作的通知	单位在确定个人下一年度月缴费基数时，应将从业妇女按规定享受的生育生活津贴和享受期限剔除计算	2021-07-01 至 2026-06-30

附一：全国和上海市工伤保险行业基准费率表

行业类别	行业名称	全国基准费率	本市降低后基准费率
一	软件和信息技术服务业，货币金融服务，资本市场服务，保险业，其他金融业，科技推广和应用服务业，社会工作，广播、电视、电影和影视录音制作业，中国共产党机关，国家机构，人民政协、民主党派，社会保障，群众团体、社会团体和其他成员组织，基层群众自治组织，国际组织	0.2%	0.16%
二	批发业，零售业，仓储业，邮政业，住宿业，餐饮业，电信、广播电视和卫星传输服务，互联网和相关服务，房地产业，租赁业，商务服务业，研究和试验发展，专业技术服务业，居民服务业，其他服务业，教育、卫生、新闻和出版业，文化艺术业	0.4%	0.32%
三	农副食品加工业，食品制造业，酒、饮料和精制茶制造业，烟草制品业，纺织业，木材加工和木、竹、藤、棕、草制品业，文教、工美、体育和娱乐用品制造业，计算机、通信和其他电子设备制造业，仪器仪表制造业，其他制造业，水的生产和供应业，机动车、电子产品和日用产品修理业，水利管理业，生态保护和环境治理业，公共设施管理业，娱乐业	0.7%	0.56%
四	农业，畜牧业，农、林、牧、渔服务业，纺织服装、服饰业，皮革、毛皮、羽毛及其制品和制鞋业，印刷和记录媒介复制业，医药制造业，化学纤维制造业，橡胶和塑料制品业，金属制品业，通用设备制造业，专用设备制造业，汽车制造业，铁路、船舶、航空航天和其他运输设备制造业，电气机械和器材制造业，废弃资源综合利用业，金属制品、机械和设备修理业，电力、热力生产和供应业，燃气生产和供应业，铁路运输业，航空运输业，管道运输业，体育	0.9%	0.72%
五	林业，开采辅助活动，家具制造业，造纸和纸制品业，建筑安装业，建筑装饰和其他建筑业，道路运输业，水上运输业，装卸搬运和运输代理业	1.1%	0.88%
六	渔业，化学原料和化学制品制造业，非金属矿物制品业，黑色金属冶炼和压延加工业，有色金属冶炼和压延加工业，房屋建筑业，土木工程建筑业	1.3%	1.04%
七	石油和天然气开采业，其他采矿业，石油加工、炼焦和核燃料加工业	1.6%	1.28%
八	煤炭开采和洗选业，黑色金属矿采选业，有色金属矿采选业，非金属矿采选业	1.9%	1.52%

注：(1)人社部发〔2015〕71号文，按照《国民经济行业分类》(GB/T 4754—2011)对行业的划分，根据不同行业的工伤风险程度，由低到高，依次将行业工伤风险类别划分为一类至八类。

(2)劳务派遣单位统一按二类行业工伤风险类别确定。

附二:历年社会保险缴费比例(%)汇总表

<table>
<tr><th colspan="2">缴费年度</th><th colspan="2">养　　老</th><th colspan="2">医　　疗</th><th colspan="2">失　　业</th><th colspan="2">工　　伤</th><th colspan="2">生　　育</th></tr>
<tr><td rowspan="2">1993
至
1994</td><td>单位</td><td>25.5</td><td rowspan="2">1993 年 1 月 1 日</td><td colspan="2">—</td><td colspan="2">—</td><td colspan="2">—</td><td colspan="2">—</td></tr>
<tr><td>个人</td><td>3</td><td colspan="2">—</td><td colspan="2">—</td><td colspan="2">—</td><td colspan="2">—</td></tr>
<tr><td rowspan="2">1995</td><td>单位</td><td colspan="2">25.5</td><td colspan="2">—</td><td>1</td><td>1995 年 7 月 1 日</td><td colspan="2">—</td><td colspan="2">—</td></tr>
<tr><td>个人</td><td>4</td><td>1995 年 4 月 1 日</td><td colspan="2">—</td><td colspan="2">—</td><td colspan="2">—</td><td colspan="2">—</td></tr>
<tr><td rowspan="2">1996</td><td>单位</td><td colspan="2">25.5</td><td>4.5</td><td>1996 年 5 月 1 日</td><td colspan="2">1</td><td colspan="2">—</td><td colspan="2">—</td></tr>
<tr><td>个人</td><td colspan="2">4</td><td colspan="2">—</td><td colspan="2">—</td><td colspan="2">—</td><td colspan="2">—</td></tr>
<tr><td rowspan="2">1997</td><td>单位</td><td colspan="2">25.5</td><td>5.5</td><td>1997 年 5 月 1 日</td><td colspan="2">1</td><td colspan="2">—</td><td colspan="2">—</td></tr>
<tr><td>个人</td><td>5</td><td>1997 年 4 月 1 日</td><td colspan="2">—</td><td colspan="2">—</td><td colspan="2">—</td><td colspan="2">—</td></tr>
<tr><td rowspan="2">1998</td><td>单位</td><td colspan="2">25.5</td><td colspan="2">5.5</td><td>2</td><td>1998 年 10 月 1 日</td><td colspan="2">—</td><td colspan="2">—</td></tr>
<tr><td>个人</td><td colspan="2">5</td><td>1</td><td>1998 年 10 月 1 日</td><td colspan="2">1</td><td colspan="2">—</td><td colspan="2">—</td></tr>
<tr><td rowspan="2">1999</td><td>单位</td><td colspan="2">25.5</td><td colspan="2">5.5</td><td colspan="2">2</td><td colspan="2">—</td><td colspan="2">—</td></tr>
<tr><td>个人</td><td>6</td><td>1999 年 4 月 1 日</td><td colspan="2">1</td><td colspan="2">1</td><td colspan="2">—</td><td colspan="2">—</td></tr>
<tr><td rowspan="2">2000</td><td>单位</td><td colspan="2">25.5</td><td>12</td><td rowspan="2">2000 年 12 月 1 日</td><td colspan="2">2</td><td colspan="2">—</td><td colspan="2">—</td></tr>
<tr><td>个人</td><td colspan="2">6</td><td>2</td><td colspan="2">1</td><td colspan="2">—</td><td colspan="2">—</td></tr>
<tr><td rowspan="2">2001</td><td>单位</td><td>22.5</td><td>2001 年 1 月 1 日</td><td colspan="2">12</td><td colspan="2">2</td><td colspan="2">—</td><td colspan="2">—</td></tr>
<tr><td>个人</td><td colspan="2">6</td><td colspan="2">2</td><td colspan="2">1</td><td colspan="2">—</td><td colspan="2">—</td></tr>
<tr><td rowspan="2">2002</td><td>单位</td><td colspan="2">22.5</td><td colspan="2">12</td><td colspan="2">2</td><td colspan="2">—</td><td colspan="2">—</td></tr>
<tr><td>个人</td><td>7</td><td>2002 年 6 月 1 日</td><td colspan="2">2</td><td colspan="2">1</td><td colspan="2">—</td><td colspan="2">—</td></tr>
<tr><td rowspan="2">2003</td><td>单位</td><td colspan="2">22.5</td><td colspan="2">12</td><td colspan="2">2</td><td colspan="2">—</td><td colspan="2">—</td></tr>
<tr><td>个人</td><td>8</td><td>2003 年 8 月 1 日</td><td colspan="2">2</td><td colspan="2">1</td><td colspan="2">—</td><td colspan="2">—</td></tr>
<tr><td rowspan="2">2004</td><td>单位</td><td>22</td><td>2004 年 8 月 1 日</td><td colspan="2">12</td><td colspan="2">2</td><td>0.5</td><td>2004 年 7 月 1 日</td><td>0.5</td><td>2004 年 8 月 1 日</td></tr>
<tr><td>个人</td><td colspan="2">8</td><td colspan="2">2</td><td colspan="2">1</td><td colspan="2">—</td><td colspan="2">—</td></tr>
</table>

续表

<table>
<tr><th colspan="2">缴费年度</th><th colspan="2">养　老</th><th colspan="2">医　疗</th><th colspan="2">失　业</th><th colspan="2">工　伤</th><th colspan="2">生　育</th></tr>
<tr><td rowspan="2">2005
至
2010</td><td>单位</td><td colspan="2">22</td><td colspan="2">12</td><td colspan="2">2</td><td colspan="2">0.5</td><td colspan="2">0.5</td></tr>
<tr><td>个人</td><td colspan="2">8</td><td colspan="2">2</td><td colspan="2">1</td><td colspan="2">—</td><td colspan="2">—</td></tr>
<tr><td rowspan="2">2011</td><td>单位</td><td colspan="2">22</td><td colspan="2">12</td><td>1.7</td><td>2011 年 7 月 1 日</td><td colspan="2">0.5</td><td>0.8</td><td>2011 年 7 月 1 日</td></tr>
<tr><td>个人</td><td colspan="2">8</td><td colspan="2">2</td><td colspan="2">1</td><td colspan="2">—</td><td colspan="2">—</td></tr>
<tr><td rowspan="2">2012</td><td>单位</td><td colspan="2">22</td><td colspan="2">12</td><td colspan="2">1.7</td><td colspan="2">0.5</td><td colspan="2">0.8</td></tr>
<tr><td>个人</td><td colspan="2">8</td><td colspan="2">2</td><td colspan="2">1</td><td colspan="2">—</td><td colspan="2">—</td></tr>
<tr><td rowspan="2">2013
至
2015</td><td>单位</td><td>21</td><td>2013 年 10 月 1 日</td><td>11</td><td>2013 年 10 月 1 日</td><td>1.5</td><td rowspan="2">2013 年 10 月 1 日</td><td colspan="2">0.5</td><td>1</td><td>2013 年 10 月 1 日</td></tr>
<tr><td>个人</td><td colspan="2">8</td><td colspan="2">2</td><td>0.5</td><td colspan="2">—</td><td colspan="2">—</td></tr>
<tr><td rowspan="2">2016</td><td>单位</td><td>20</td><td>2016 年 1 月 1 日</td><td>10</td><td>2016 年 1 月 1 日</td><td>1</td><td>2016 年 1 月 1 日</td><td>0.2～1.52</td><td>2015 年 10 月 1 日</td><td colspan="2">1</td></tr>
<tr><td>个人</td><td colspan="2">8</td><td colspan="2">2</td><td colspan="2">0.5</td><td colspan="2">—</td><td colspan="2">—</td></tr>
<tr><td rowspan="2">2017</td><td>单位</td><td colspan="2">20</td><td>9.5</td><td>2017 年 1 月 1 日</td><td>0.5</td><td>2017 年 1 月 1 日</td><td colspan="2">0.2～1.52</td><td colspan="2">1</td></tr>
<tr><td>个人</td><td colspan="2">8</td><td colspan="2">2</td><td colspan="2">0.5</td><td colspan="2">—</td><td colspan="2">—</td></tr>
<tr><td rowspan="2">2018</td><td>单位</td><td colspan="2">20</td><td colspan="2">9.5</td><td colspan="2">0.5</td><td>0.1～0.95</td><td>2018 年 5 月 1 日</td><td colspan="2">1</td></tr>
<tr><td>个人</td><td colspan="2">8</td><td colspan="2">2</td><td colspan="2">0.5</td><td colspan="2">—</td><td colspan="2">—</td></tr>
<tr><td rowspan="2">2019</td><td>单位</td><td>16</td><td>2019 年 5 月 1 日</td><td colspan="2">9.5</td><td colspan="2">0.5</td><td>0.16～1.52</td><td>2019 年 5 月 1 日</td><td colspan="2">1</td></tr>
<tr><td>个人</td><td colspan="2">8</td><td colspan="2">2</td><td colspan="2">0.5</td><td colspan="2">—</td><td colspan="2">—</td></tr>
<tr><td rowspan="2">2020</td><td>单位</td><td colspan="2">16</td><td>9</td><td>2020 年 7 月 1 日</td><td colspan="2">0.5</td><td colspan="2">0.16～1.52</td><td colspan="2">1</td></tr>
<tr><td>个人</td><td colspan="2">8</td><td colspan="2">2</td><td colspan="2">0.5</td><td colspan="2">—</td><td colspan="2">—</td></tr>
<tr><td rowspan="2">2021</td><td>单位</td><td colspan="2">16</td><td>9.5</td><td>2021 年 1 月 1 日</td><td colspan="2">0.5</td><td colspan="2">0.16～1.52</td><td colspan="2">1</td></tr>
<tr><td>个人</td><td colspan="2">8</td><td colspan="2">2</td><td colspan="2">0.5</td><td colspan="2">—</td><td colspan="2">—</td></tr>
<tr><td rowspan="2">2022
至
2023</td><td>单位</td><td colspan="2">16</td><td>9</td><td>2022 年 10 月 1 日</td><td colspan="2">0.5</td><td colspan="2">0.16～1.52</td><td colspan="2">1</td></tr>
<tr><td>个人</td><td colspan="2">8</td><td colspan="2">2</td><td colspan="2">0.5</td><td colspan="2">—</td><td colspan="2">—</td></tr>
</table>

附三:历年养老保险缴费比例和缴费基数

缴费年度			1993	1994	1995	1996	1997	1998	1999	2000	2001	2002	2003	2004	2005	2006	2007	2008	2009
社保缴费基数上下限标准参考水平			356	467	617	773	889	952	1005	1179	1285	1480	1623	1847	2033	2235	2464	2892	3292
缴费下限	社保缴费基数下限		213.6	283	370	464	533	571	603	707	771	888	974	1108	1341	1478	1220	1735	1975
	个人缴费	比例(%)	3	3	3	4	4	5	5	6	6	6	7	8	8	8	8	8	8
		金额(元)	6.4	8.4	14.8	18.6	26.7	28.6	36.2	42.5	46.3	62.2	78.0	107.3	118.2	88.6	97.6	138.8	158.0
	单位缴费	比例(%)	25.5	25.5	25.5	25.5	25.5	25.5	25.5	25.5	22.5	22.5	22.5	22	22	22.5	22	22	22
		金额(元)	54.4	72.2	94.4	118.3	135.9	145.6	153.8	180.3	173.5	199.8	219.2	295.0	325.2	249.3	268.4	381.7	434.5
缴费上限	社保缴费基数上限		712	942	1234	1546	1778	2856	3015	3537	3855	4440	4869	5541	6705	7392	6099	8676	9876
	个人缴费	比例(%)	3	3	3	4	4	5	5	6	6	6	7	8	8	8	8	8	8
		金额(元)	21.4	28.3	37.0	61.8	71.1	95.2	150.8	212.2	231.3	266.4	340.8	536.4	591.4	443.3	487.9	694.1	790.1
	单位缴费	比例(%)	25.5	25.5	25.5	25.5	25.5	25.5	25.5	25.5	22.5	22.5	22.5	22	22	22.5	22	22	22
		金额(元)	181.5	240.2	314.7	394.2	453.4	485.5	768.8	901.9	867.4	999.0	1095.5	1475.1	1626.2	1246.7	1341.8	1908.8	2172.7

续表

缴费年度			2010	2011	2012	2013	2014	2015	2016	2017	2018	2019		2020	2021	2022	2023
												4月	5月				
社保缴费基数上下限标准参考水平			3566	3896	4331	4692	5036	5451	5939	6504	7132	7832	8211	9339	10338	11396	12183
缴费下限	社保缴费基数下限		2140	2338	2599	2815	3022	3271	3563	3902	4279	4699	4927	4927	5975	6520	7310
	个人缴费	比例(%)	8	8	8	8	8	8	8	8	8	8	8	8	8	8	8
		金额(元)	171.2	187.1	208	225.2	241.8	261.7	285.1	312.2	342.4	376	394.2	394.2	478.0	521.6	584.80
	单位缴费	比例(%)	22	22	22	22	21	21	20	20	20	20	16	16	16	16	16
		金额(元)	470.8	514.4	571.8	619.3	634.6	686.9	712.6	780.4	855.8	939.8	788.4	788.4	956.0	1043.2	1169.60
缴费上限	社保缴费基数上限		10698	11688	12993	14076	15108	16353	17817	19512	21396	23496	24633	28017	31014	34188	36549
	个人缴费	比例(%)	8	8	8	8	8	8	8	8	8	8	8	8	8	8	8
		金额(元)	855.8	935.1	1039.5	1126.1	1208.6	1308.2	1425.4	1561.0	1711.7	1879.7	1970.7	2241.4	2481.1	2735	2923.92
	单位缴费	比例(%)	22	22	22	22	21	21	20	20	20	20	16	16	16	16	16
		金额(元)	2353.6	2571.4	2858.5	3096.8	3172.7	3434.1	3563.4	3902.4	4279.2	4699.2	3941.3	4482.7	4962.2	5470.1	5847.84

第十二章　职工养老保险

一、职工基本养老金申领条件

条文主旨	内　容　摘　要
职工法定退休年龄	● 男职工年满60周岁、女职工年满50周岁(从事管理和技术岗位工作的年满55周岁)。 ● 从事井下、高空、高温、特别繁重体力劳动或其他有害身体健康工作(“特殊工种”)的,退休年龄为男年满55周岁、女年满45周岁。 ● 因病或非因工致残,经劳动鉴定委员会确认为完全丧失劳动能力的,男年满50周岁,女年满45周岁
职工基本养老金申领条件	● 参加基本养老保险的个人,达到法定退休年龄时累计缴费满15年的,按月领取基本养老金。 ● 参加职工基本养老保险的个人达到法定退休年龄时,累计缴费不足15年的,可以缴费至满15年,按月领取基本养老金;社会保险法实施前参保、延长缴费5年后仍不足15年的,可以一次性缴费至满15年。 ● 参加职工基本养老保险的个人达到法定退休年龄时,累计缴费不足15年(含依照上述规定延长缴费)的,可以申请转入户籍所在地新型农村社会养老保险或者城镇居民社会养老保险,享受相应的养老保险待遇
特殊工种职工提前退休申领养老金条件	● 男性年满55周岁,女性年满45周岁。 ● 缴费年限(含视同缴费年限)累计满15年。 ● 在高空或特别繁重体力劳动的工种岗位上工作累计满10年;在井下或高温工种岗位上工作累计满9年;在其他有害身体健康工种岗位上工作累计满8年者。 ● 曾经从事过两个及以上特殊工种的人员,可将两个及以上特殊工种的实际年限相加,退休条件按从事特殊工种要求工作年限长的确定。 ● 符合国家和本市规定的其他条件
职工完全丧失劳动能力提前退休申领养老金条件	● 男性年满50周岁,女性年满45周岁。 ● 缴费年限(含视同缴费年限)累计满15年。 ● 经市劳动能力鉴定中心鉴定为完全丧失劳动能力
规定文件	中华人民共和国社会保险法(中华人民共和国主席令第35号)、实施《中华人民共和国社会保险法》若干规定(中华人民共和国人力资源和社会保障部令第13号)、上海市社会保险局《关于审核企业职工办理退休退职手续若干问题的规定》(沪社保业〔1996〕76号)、上海市劳动和社会保障局关于本市从事特殊工种人员办理退休手续若干问题的通知(沪劳保养发〔2000〕29号)

二、养老金的计发办法

<table>
<tr><th>条文主旨</th><th colspan="3">内 容 摘 要</th></tr>
<tr><td>基本原则</td><td colspan="3">●参加本市企业职工基本养老保险的人员，达到法定退休年龄时累计缴费满 15 年，按照规定办理申领基本养老金手续后，按月发给基本养老金。
●基本养老金由基础养老金和个人账户养老金组成</td></tr>
<tr><td>1993 年 1 月 1 日起参加工作的参保人员（简称“新人”）</td><td colspan="3">● 基础养老金按照本人办理申领基本养老金手续时上年度全市城镇单位就业人员月平均工资和本人指数化月平均缴费工资的平均值为基数，缴费每满 1 年发给 1%（详见附一）。
●指数化月平均缴费工资按照本人办理申领基本养老金手续时上年度全市城镇单位就业人员月平均工资乘以本人月平均缴费工资指数确定。其中，视同缴费年限（不含折算工龄，下同）的缴费工资指数统一按照 1 计算；1993 年至 2010 年的缴费工资指数低于 1 的，按照 1 计算；2011 年至 2013 年的缴费工资指数分别按照不低于 1、0.85、0.75 计算。
●累计缴费年限（含视同缴费年限）满整年后的剩余月数，以上年度全市职工月平均工资和本人指数化月平均缴费工资的平均值为基数，每个月按照 0.083%计发。
●个人账户养老金按照本人办理申领基本养老金手续时个人账户储存额除以国家规定的计发月数（详见附二）确定；不满 40 周岁的按照 40 周岁确定，超过 70 周岁的按照 70 周岁确定</td></tr>
<tr><td>1992 年底以前参加工作的参保人员（简称“中人”）</td><td colspan="3">●1992 年底以前参加工作的参保人员，根据“合理衔接、平稳过渡”的原则，在发给基础养老金和个人账户养老金的基础上，再发给过渡性养老金。
●过渡性养老金先按照本人 1992 年底以前视同缴费年限每满 1 年发给办理申领基本养老金手续时上年度全市职工月平均工资的 1.2%，再按照本人办理基本养老金申领手续时 1993 年到 1997 年 5 年内个人账户储存额对应的“虚账实记”总额除以 120，两者相加计发</td></tr>
<tr><td rowspan="2">规定文件</td><td>上海市人力资源和社会保障局关于本市企业基本养老金计发办法有关问题的通知（沪人社规〔2021〕27 号）</td><td rowspan="2">执行时间</td><td>2021-08-16
至
2025-12-31</td></tr>
<tr><td>上海市人力资源和社会保障局关于本市企业基本养老金计发办法的通知（沪人社规〔2021〕32 号）</td><td>2022-01-01
至
2026-12-31</td></tr>
</table>

附一:城镇企业职工基本养老金中基础养老金的计算办法

文　号	标　题	内　容　摘　要	执行时间
上海市人力资源和社会保障局沪人社规〔2021〕32号	关于本市企业基本养老金计发办法的通知	●基础养老金＝(办理申领基本养老金手续时上年度全市城镇单位就业人员月平均工资＋本人指数化月平均缴费工资)÷2×缴费年限(含视同缴费年限)×1% 本人指数化月平均缴费工资＝办理申领基本养老金手续时上年度全市城镇单位就业人员月平均工资×本人月平均缴费工资指数 本人月平均缴费工资指数＝($Z_1+Z_2+\cdots+Z_{m-1}+Z_m+1\times n$)÷$N$ Z_1、Z_2、…、Z_{m-1}、Z_m为参保人员的月缴费工资指数。月缴费工资指数按照参保人员退休前1月、2月……$m-1$月、m月本人实际月缴费工资基数除以对应的本市上年度全市城镇单位就业人员月平均工资计算,计算结果保留四位小数。 ●n为参保人员视同缴费年限的月数。视同缴费年限的月缴费工资指数统一按照1计算。 ●N为参保人员累计缴费年限的月数(含视同缴费年限的月数)	2022-01-01至2026-12-31

附二:个人账户养老金计发月数表

退休年龄	计发月数	退休年龄	计发月数
40	233	56	164
41	230	57	158
42	226	58	152
43	223	59	145
44	220	60	139
45	216	61	132
46	212	62	125
47	208	63	117
48	204	64	109
49	199	65	101
50	195	66	93
51	190	67	84
52	185	68	75
53	180	69	65
54	175	70	56
55	170		

三、各类人才柔性延迟办理申领基本养老金

文　号	标　题	内　容　摘　要	执行时间
上海市人力资源和社会保障局沪人社养发〔2010〕47号	关于本市企业各类人才柔性延迟办理申领基本养老金手续的试行意见	●参加本市城镇养老保险的企业中具有专业技术职务资格人员，具有技师、高级技师证书的技能人员和企业需要的其他人员，到达法定退休年龄、符合在本市领取基本养老金条件，如企业工作需要，本人身体健康，能坚持正常工作；经本人提出申请，与企业协商一致后，可以延迟申领基本养老金。 ●符合本试行意见的人员，延迟办理申领基本养老金手续的年龄，男性一般不超过65周岁，女性一般不超过60周岁。 ●劳动者到达退休年龄时，劳动合同依法终止。企业与符合本意见规定延迟办理申领基本养老金手续条件的人员可协商签订相关工作协议。 ●工作协议中约定了履行期限的，协议到期终止。工作协议履行过程中双方协商一致的，可以解除协议。此外，双方也可在协议中约定解除或终止的条件等其他内容。 ●工作协议解除、终止时，劳动者申领基本养老金的条件即时成立，企业应当为延迟申领基本养老金人员办理申领基本养老金手续。 ●企业及个人按规定缴纳基本养老保险费和工伤保险费，不再缴纳医疗、失业及生育保险费。 ●医疗保险待遇按照到达法定退休年龄领取基本养老金人员的医疗保险待遇规定执行。 ●延迟期间发生工伤事故的，按照本市工伤保险有关规定享受相应工伤保险待遇。 ●延迟期间因病或非因工死亡的，丧葬补助金按照本市企业退休人员因病或非因工死亡后相关规定执行，所需费用由本市城镇基本养老保险统筹基金支付	2010-10-01

四、城镇养老保险转移接续办法

文号	标题	内容摘要		
国务院办公厅国办发〔2009〕66号	城镇企业职工基本养老保险关系转移接续暂行办法的通知	参保人员跨省流动就业的，由原参保所在地社保经办机构开具参保缴费凭证，其基本养老保险关系应随同转移到新参保地。参保人员达到基本养老保险待遇领取条件的，其在各地的参保缴费年限合并计算，个人账户储存额（含本息）累计计算；未达到待遇领取年龄前，不得终止基本养老保险关系并办理退保手续		
		转移资金计算	个人账户储存额	1998年1月1日之前按个人缴费累计本息计算转移，1998年1月1日后按计入个人账户的全部储存额计算转移
			统筹基金（单位缴费）	以本人1998年1月1日后各年度实际缴费工资为基数，按12%的总和转移，参保缴费不足1年的，按实际缴费月数计算转移
		转移办法	参保人员返回户籍所在地（指省、自治区、直辖市，下同）就业参保的，户籍所在地的相关社保经办机构应为其及时办理转移接续手续	
			参保人员未返回户籍所在地就业参保的，由新参保地的社保经办机构为其及时办理转移接续手续。但对男性年满50周岁和女性年满40周岁的，应在原参保地继续保留基本养老保险关系，同时在新参保地建立临时基本养老保险缴费账户，记录单位和个人全部缴费。参保人员再次跨省流动就业或在新参保地达到待遇领取条件时，将临时基本养老保险缴费账户中的全部缴费本息，转移归集到原参保地或待遇领取地	
			参保人员经县级以上党委组织部门、人力资源社会保障行政部门批准调动，且与调入单位建立劳动关系并缴纳基本养老保险费的，不受以上年龄规定限制，应在调入地及时办理基本养老保险关系转移接续手续	
		待遇领取地确定	基本养老保险关系在户籍所在地的，由户籍所在地负责办理待遇领取手续，享受基本养老保险待遇	
			基本养老保险关系不在户籍所在地，而在其基本养老保险关系所在地累计缴费年限满10年的，在该地办理待遇领取手续，享受当地基本养老保险待遇	
			基本养老保险关系不在户籍所在地，且在其基本养老保险关系所在地累计缴费年限不满10年的，将其基本养老保险关系转回上一个缴费年限满10年的原参保地办理待遇领取手续，享受基本养老保险待遇	
			基本养老保险关系不在户籍所在地，且在每个参保地的累计缴费年限均不满10年的，将其基本养老保险关系及相应资金归集到户籍所在地，由户籍所在地按规定办理待遇领取手续，享受基本养老保险待遇	
执行时间		2010-01-01		

第十三章　职工医疗保险

一、个人账户计入标准

<table>
<tr><th>文　号</th><th>标　题</th><th colspan="3">内　容　摘　要</th><th>执行时间</th></tr>
<tr><td rowspan="4">上海市医疗保障局沪医保规〔2023〕6号</td><td rowspan="4">关于本市基本医疗保险2023医保年度转换有关事项的通知</td><td colspan="2">参保对象</td><td>计入标准(元)</td><td rowspan="4">2023-06-20
至
2024-06-30</td></tr>
<tr><td colspan="2">在职职工</td><td>本人参保缴费基数的2%</td></tr>
<tr><td rowspan="2">退休人员</td><td>74岁以下</td><td>1680</td></tr>
<tr><td>75岁以上</td><td>1890</td></tr>
</table>

二、使用药品的费用支付

文　号	标　题	内　容　摘　要	执行时间
上海市医疗保障局、市人力资源和社会保障局、市卫生健康委员会、市药品监督管理局、市中医药管理局沪医保医管发〔2023〕7号	关于印发《上海市基本医疗保险、工伤保险和生育保险药品目录(2022年)》的通知	●西药、中成药和协议期内谈判药品分甲乙类管理。协议期内谈判药品按照乙类支付。支付办法： 1.甲类:包括乙类药品中参照甲类支付的药品,按照本市基本医疗保险规定支付。 2.自负“10%”:由参保人员先自负10%比例现金,其余费用再按本市基本医疗保险的规定支付。 3.定额标准:由参保人员按照本市相关文件规定定额自负。 ●本市基本医疗保险参保人员使用按定额标准自负药品,个人定额自负部分,先由个人医疗账户资金支付,不足部分由个人现金支付。 ●本市基本医疗保险参保人员使用属于基本医疗保险支付范围内的中药饮片所发生的费用,参照甲类药品支付。 ●本市老红军、离休人员和一至六级革命伤残军人不实行个人自负药品费	2023-03-01

三、职工基本医疗保险待遇

<table>
<tr><td colspan="2" rowspan="3">适用对象</td><td colspan="6">门急诊医保待遇</td><td colspan="4">住院或者急诊观察室留院观察医保待遇</td></tr>
<tr><td rowspan="2">账户段</td><td rowspan="2">自负段标准（元）</td><td>一级医院</td><td>二级医院</td><td>三级医院</td><td>门诊大病</td><td rowspan="2">起付标准（元）</td><td>起付标准以上，最高支付限额以下</td><td rowspan="2">最高支付限额（元）</td><td>最高支付限额以上</td></tr>
<tr><td colspan="4">共负段报销比例（%）</td><td>报销比例（%）</td><td>支付比例（%）</td></tr>
<tr><td colspan="2">在职职工</td><td rowspan="3">用完个人账户当年计入资金</td><td>500</td><td>80</td><td>75</td><td>70</td><td>85</td><td>1500</td><td>85</td><td rowspan="3">610000</td><td rowspan="3">80</td></tr>
<tr><td rowspan="2">退休人员</td><td>2001 年 1 月 1 日后退休</td><td>300</td><td>85</td><td>80</td><td>75</td><td rowspan="2">92</td><td>1200</td><td rowspan="2">92</td></tr>
<tr><td>2000 年 12 月 31 日前退休</td><td>200</td><td>90</td><td>85</td><td>80</td><td>700</td></tr>
<tr><td>备注</td><td colspan="11">1.门诊大病系指在门诊进行重症尿毒症透析、恶性肿瘤治疗（化学治疗、内分泌特异治疗、放射治疗、同位素治疗、介入治疗、中医治疗）、部分精神病病种治疗所发生的医疗费用。
2.灵活就业人员参加职工基本医疗保险的，设置 6 个月享受医疗保险待遇的等待期。等待期届满后，享受相应的基本医疗保险待遇。
3.失业人员在领取失业保险金期间，由失业保险基金按照规定为其缴纳基本医疗保险费，享受相应的基本医疗保险待遇</td></tr>
<tr><td rowspan="2">规定文件</td><td colspan="8">上海市职工基本医疗保险办法（沪府令第 8 号）</td><td rowspan="2">执行时间</td><td colspan="2">2013-12-01</td></tr>
<tr><td colspan="8">上海市医疗保障局关于本市基本医疗保险 2023 医保年度转换有关事项的通知（沪医保规〔2023〕6 号）</td><td colspan="2">2023-06-20</td></tr>
</table>

四、医疗保险综合减负办法

文号	标题	内容摘要	执行时间
上海市人力资源和社会保障局沪人社医发〔2016〕46号	关于印发《上海市职工基本医疗保险综合减负实施办法》的通知	●适用对象 本实施办法适用于参加本市职工基本医疗保险的在职职工和退休人员(以下统称参保人员)。 ●适用条件 参保人员年自负医疗费累计超过其年收入一定比例的部分,实行医保综合减负,具体如下: 1.因患大病或大部分丧失劳动能力原因无法就业的协议保留社会保险关系人员,年自负医疗费累计超过本市上年度最低生活标准25%以上的部分; 2.在职职工年收入在本市上年度职工最低工资标准80%及以下的,年自负医疗费累计超过本市上年度职工最低工资标准80%的25%以上的部分; 3.在职职工年收入在本市上年度职工最低工资标准80%至最低工资标准之间的,年自负医疗费累计超过其年收入25%以上的部分; 4.在职职工年收入在本市上年度职工最低工资标准以上、职工年平均工资1.5倍以下的,年自负医疗费累计超过其年收入30%以上的部分; 5.在职职工年收入在本市上年度职工年平均工资1.5倍以上、3倍以下的,年自负医疗费累计超过其年收入40%以上的部分; 6.退休人员年养老金在本市上年度职工最低工资标准80%及以下的,年自负医疗费累计超过本市上年度职工最低工资标准80%的25%以上的部分; 7.退休人员年养老金在本市上年度职工最低工资标准80%至最低工资标准之间的,年自负医疗费累计超过其年养老金25%以上的部分; 8.退休人员年养老金在本市上年度职工最低工资标准以上的,年自负医疗费累计超过其年养老金30%以上的部分。 ●综合减负标准 符合医保综合减负条件的参保人员,年自负医疗费累计超过以上规定比例的,超过部分的自负医疗费减负90%	2016-09-22

第十四章 生育保险

一、生育保险待遇——生育生活津贴

<table>
<tr><td>项目</td><td colspan="6">生育生活津贴</td></tr>
<tr><td rowspan="2">产假假期类别</td><td colspan="4">参保妇女生育</td><td colspan="2">参保妇女怀孕流产</td></tr>
<tr><td>顺产</td><td>难产</td><td>多胞胎</td><td>生育假</td><td>孕满4个月流产</td><td>孕未满4个月流产</td></tr>
<tr><td>产假假期天数</td><td>98天</td><td>增加15天</td><td>每多生一个婴儿，增加15天</td><td>60天</td><td>42天</td><td>15天</td></tr>
<tr><td>从业妇女待遇标准</td><td colspan="6">●所在用人单位上年度职工月平均工资除以30天再乘以其应享受生育生活津贴的天数计发。
●所在用人单位的上年度职工月平均工资超过上年度本市全口径城镇单位就业人员月平均工资300%的，按300%计发；低于上年度本市全口径城镇单位就业人员月平均工资60%的，按60%计发。
●生育或者流产前12个月内变动工作单位的，按照各用人单位的上年度职工月平均工资的加权平均数计发。
●女职工生育、流产当月用人单位为其累计缴纳生育保险费满12个月或者连续缴费满9个月的，其生育生活津贴由生育保险基金全额支付。生育、流产当月用人单位为其累计缴费不满12个月且连续缴费不满9个月的，其生育生活津贴由生育保险基金按已缴费月数÷12后所得的比例支付，剩余部分由女职工生育、流产当月所在用人单位先行支付；用人单位为该职工累计缴费满12个月或者连续缴费满9个月后，可向社保经办机构申请拨付已先行支付的费用。
●所在用人单位的上年度职工月平均工资高于上年度本市全口径城镇单位就业人员月平均工资300%以上的，高出部分由用人单位支付。
●生育生活津贴低于本人产假前工资标准的，差额部分由其生育或者流产时所在用人单位按国家规定支付</td></tr>
<tr><td>失业妇女待遇标准</td><td colspan="6">2892元除以30天再乘以应享受生育生活津贴的天数</td></tr>
<tr><td>规定文件</td><td colspan="6">中华人民共和国主席令第35号、中华人民共和国国务院令第619号、上海市人民政府令第109号、沪人社福发〔2009〕20号、沪府发〔2013〕5号、上海市人民代表大会常务委员会公告〔十五届〕第97号、沪医保规〔2021〕9号</td></tr>
</table>

二、生育保险待遇——生育医疗费补贴

项目	生育医疗费补贴			
生育或流产	生育		自然流产(包括宫外孕、葡萄胎)	
	非危重孕产妇	危重孕产妇	妊娠4个月以上(含4个月)	妊娠不满4个月
待遇标准	4200元	8000元	700元	500元
规定文件	沪医保规〔2021〕9号、沪医保待遇发〔2022〕1号、沪卫疾妇〔2007〕34号			

第十五章 工伤保险

一、工伤认定申请

文号	标题	内容摘要	执行时间
中华人民共和国国务院令第375号	工伤保险条例	●职工发生事故伤害或者按照职业病防治法规定被诊断、鉴定为职业病,所在单位应当自事故伤害发生之日或者被诊断、鉴定为职业病之日起30日内,向统筹地区社会保险行政部门提出工伤认定申请。遇有特殊情况,经报社会保险行政部门同意,申请时限可以适当延长。 ●用人单位未按规定提出工伤认定申请的,工伤职工或者其近亲属、工会组织在事故伤害发生之日或者被诊断、鉴定为职业病之日起1年内,可以直接向用人单位所在地统筹地区社会保险行政部门提出工伤认定申请。 ●用人单位未在规定的30日时限内提交工伤认定申请,在此期间发生符合本条例规定的工伤待遇等有关费用由该用人单位负担。 ●提出工伤认定申请应当提交下列材料: 1.工伤认定申请表; 2.与用人单位存在劳动关系(包括事实劳动关系)的证明材料; 3.医疗诊断证明或者职业病诊断证明书(或者职业病诊断鉴定书)。 ●工伤认定申请表应当包括事故发生的时间、地点、原因以及职工伤害程度等基本情况。 ●职工或者其近亲属认为是工伤,用人单位不认为是工伤的,由用人单位承担举证责任	2004-01-01 2010-12-20修正

二、工伤认定范围

条文主旨	内容摘要		
工伤认定范围	●职工有下列情形之一的，应当认定为工伤： 1.在工作时间和工作场所内，因工作原因受到事故伤害的； 2.工作时间前后在工作场所内，从事与工作有关的预备性或者收尾性工作受到事故伤害的； 3.在工作时间和工作场所内，因履行工作职责受到暴力等意外伤害的； 4.患职业病的； 5.因工外出期间，由于工作原因受到伤害或者发生事故下落不明的； 6.在上下班途中，受到非本人主要责任的交通事故或者城市轨道交通、客运轮渡、火车事故伤害的； 7.法律、行政法规规定应当认定为工伤的其他情形。 ● 社会保险行政部门认定下列情形为“因工外出期间”的，人民法院应予支持：1.职工受用人单位指派或者因工作需要在工作场所以外从事与工作职责有关的活动期间；2.职工受用人单位指派外出学习或者开会期间；3.职工因工作需要的其他外出活动期间。 ● 对社会保险行政部门认定下列情形为“上下班途中”的，人民法院应予支持：1.在合理时间内往返于工作地与住所地、经常居住地、单位宿舍的合理路线的上下班途中；2.在合理时间内往返于工作地与配偶、父母、子女居住地的合理路线的上下班途中；3.从事属于日常工作生活所需要的活动，且在合理时间和合理路线的上下班途中；4.在合理时间内其他合理路线的上下班途中		
视同工伤范围	职工有下列情形之一的，视同工伤： 1.在工作时间和工作岗位，突发疾病死亡或者在48小时之内经抢救无效死亡的； 2.在抢险救灾等维护国家利益、公共利益活动中受到伤害的； 3.从业人员原在军队服役，因战、因公负伤致残，已取得革命伤残军人证，到用人单位后旧伤复发的		
工伤排除	职工有下列情形之一的，不得认定为工伤或者视同工伤： 1.故意犯罪的； 2.醉酒或者吸毒的； 3.自残或者自杀的		
规定文件	工伤保险条例（中华人民共和国国务院令第375号）	执行时间	2004-01-01 2010-12-20 修正
	上海市工伤保险实施办法（上海市人民政府令第93号）		2013-01-01
	最高人民法院关于审理工伤保险行政案件若干问题的规定（法释〔2014〕9号）		2014-09-01

三、工伤劳动能力鉴定

文　号	标　题	内　容　摘　要	执行时间
中华人民共和国国务院令第375号	工伤保险条例	●劳动能力鉴定是指劳动功能障碍程度和生活自理障碍程度的等级鉴定。 ●劳动功能障碍分为十个伤残等级,最重的为一级,最轻的为十级。 ●生活自理障碍分三个等级:生活完全不能自理、生活大部分不能自理和生活部分不能自理	2004-01-01 2010-12-20修正
中华人民共和国人力资源和社会保障部、国家卫生和计划生育委员会令第21号	工伤职工劳动能力鉴定管理办法	●职工发生工伤,经治疗伤情相对稳定后存在残疾、影响劳动能力的,或者停工留薪期满(含劳动能力鉴定委员会确认的延长期限),工伤职工或者其用人单位应当及时向设区的市级劳动能力鉴定委员会提出劳动能力鉴定申请。 ●申请劳动能力鉴定应当填写劳动能力鉴定申请表,并提交下列材料: 1.《工伤认定决定书》原件和复印件; 2.有效的诊断证明、按照医疗机构病历管理有关规定复印或者复制的检查、检验报告等完整病历材料; 3.工伤职工的居民身份证或者社会保障卡等其他有效身份证明原件和复印件; 4.劳动能力鉴定委员会规定的其他材料。 ●申请人提供材料完整的,劳动能力鉴定委员会应当及时组织鉴定,并在收到劳动能力鉴定申请之日起60日内作出劳动能力鉴定结论。伤情复杂、涉及医疗卫生专业较多的,作出劳动能力鉴定结论的期限可以延长30日。 ●工伤职工或者其用人单位对初次鉴定结论不服的,可以在收到该鉴定结论之日起15日内向省、自治区、直辖市劳动能力鉴定委员会申请再次鉴定。 ●省、自治区、直辖市劳动能力鉴定委员会作出的劳动能力鉴定结论为最终结论。 ●自劳动能力鉴定结论作出之日起1年后,工伤职工、用人单位或者社会保险经办机构认为伤残情况发生变化的,可以向设区的市级劳动能力鉴定委员会申请劳动能力复查鉴定。 ●工伤职工本人因身体等原因无法提出劳动能力初次鉴定、复查鉴定、再次鉴定申请的,可由其近亲属代为提出	2014-04-01

注:(1)初次鉴定、再次鉴定结论或者复查鉴定结论有变化的,以及按照国家规定需要定期复查鉴定的,鉴定费用由工伤保险基金承担。

(2)伤残等级:一级至四级为完全丧失劳动能力;五级至六级为大部分丧失劳动能力;七级至十级为部分丧失劳动能力。

四、工伤人员劳动关系处理

文号	标题	内容摘要	执行时间
上海市人民政府令第93号	上海市工伤保险实施办法	●工伤人员因工致残被鉴定为一级至四级伤残的,保留劳动关系,退出工作岗位,享受相关待遇。 ●因工致残一级至四级的非城镇户籍外来从业人员,可以按照本办法规定的待遇项目标准和支付方式,享受工伤保险待遇,也可以选择按一次性领取的方式享受。选择一次性领取工伤保险待遇的,由工伤人员在首次申领待遇时向社保经办机构提出,并以协议方式确认。一经确认,不再变更,其工伤保险关系终止,并与用人单位的劳动关系解除或者终止。 ●工伤人员因工致残被鉴定为五级、六级伤残的,保留与用人单位劳动关系,由用人单位安排适当工作。难以安排工作的,由用人单位按月发给伤残津贴。经工伤人员本人提出,该工伤人员可以与用人单位解除或者终止劳动关系,由工伤保险基金支付一次性工伤医疗补助金,由用人单位支付一次性伤残就业补助金。 ●工伤人员因工致残被鉴定为七级至十级伤残的,劳动合同期满终止,或者工伤人员本人提出解除劳动合同的,由工伤保险基金支付一次性工伤医疗补助金,由用人单位支付一次性伤残就业补助金	2013-01-01
上海市劳动和社会保障局、医疗保险局沪劳保福发〔2004〕38号	关于实施《上海市工伤保险实施办法》若干问题的通知	工伤人员在停工留薪期内或者劳动能力鉴定结论尚未作出前,用人单位不得与其解除或者终止劳动关系	2004-08-20

五、工伤致残待遇——由用人单位支付的费用

<table>
<tr><td rowspan="2">待遇项目</td><td colspan="2">停工留薪期内</td><td>伤残津贴（按月）</td><td>一次性伤残就业补助金</td><td rowspan="2">按月缴纳社会保险费</td></tr>
<tr><td>工资</td><td>护理费</td><td>按负伤前12个月平均月缴费工资为计发基数</td><td>按上年度全市职工月平均工资为计发基数</td></tr>
<tr><td>一级伤残</td><td rowspan="10">本人工资福利待遇不变（负伤前12个月的平均工资）</td><td rowspan="10">生活不能自理的工伤职工在停工留薪期需要护理的，由所在单位负责</td><td rowspan="4">—</td><td rowspan="4">—</td><td rowspan="4">由用人单位和职工个人以伤残津贴为基数，缴纳基本医疗保险费</td></tr>
<tr><td>二级伤残</td></tr>
<tr><td>三级伤残</td></tr>
<tr><td>四级伤残</td></tr>
<tr><td>五级伤残</td><td>70%</td><td>18个月</td><td rowspan="6">继续按照规定缴纳各项社会保险费</td></tr>
<tr><td>六级伤残</td><td>60%</td><td>15个月</td></tr>
<tr><td>七级伤残</td><td rowspan="4">—</td><td>12个月</td></tr>
<tr><td>八级伤残</td><td>9个月</td></tr>
<tr><td>九级伤残</td><td>6个月</td></tr>
<tr><td>十级伤残</td><td>3个月</td></tr>
<tr><td>备注</td><td colspan="5">1.停工留薪期一般不超过12个月。具体期限根据定点医疗机构出具的伤病情诊断意见确定。伤情严重或者情况特殊，经鉴定委员会确认，可以适当延长，但延长不得超过12个月。
2.停工留薪期的工资福利待遇及伤残津贴实际金额不得低于本市职工最低工资标准。
3.伤残级别为五级至十级的，经工伤人员本人提出与用人单位解除劳动关系，且解除劳动关系时距法定退休年龄不足5年的，不足年限每减少1年，一次性工伤医疗补助金和一次性伤残就业补助金递减20%，但属于《中华人民共和国劳动合同法》第三十八条规定的情形除外</td></tr>
<tr><td rowspan="3">规定文件</td><td colspan="2">中华人民共和国国务院令第586号国务院关于修改《工伤保险条例》的决定</td><td rowspan="3">执行时间</td><td colspan="2">2011-01-01</td></tr>
<tr><td colspan="2">上海市人民政府令第93号上海市工伤保险实施办法</td><td colspan="2">2013-01-01</td></tr>
<tr><td colspan="2">上海市人民政府关于贯彻实施《社会保险法》调整本市现行有关工伤保险政策的通知（沪府发〔2011〕34号）</td><td colspan="2">2011-07-01</td></tr>
</table>

六、工伤致残待遇——由工伤保险基金支付的费用

待遇项目	停工留薪期内		工伤医疗费用	伤残津贴（按月）	一次性伤残补助金	一次性工伤医疗补助金	生活护理费（按月）	辅助器具
	住院伙食费	外省市就医交通、食宿费		按负伤前12个月平均月缴费工资为计发基数		按上年度全市职工月平均工资为计发基数		
一级伤残	30元/天	因伤情治疗需要，经本市定点医疗机构出具证明，报社保经办机构同意，工伤人员到外省市就医的，食宿费标准为每人每天150元。交通费按工伤保险经办机构核准的交通工具乘坐费用实报实销	符合国家和本市的工伤保险诊疗项目目录、工伤保险药品目录、工伤保险住院服务标准的，从工伤保险基金支付	90%	27个月	—	生活完全不能自理50% 生活大部分不能自理40% 生活部分不能自理30%	经鉴定委员会确认，应当选择到与社保经办机构签订服务协议的辅助器具配置机构安装假肢、矫形器、假眼、假牙和配置轮椅等辅助器具，所需费用符合国家和本市辅助器具安装配置项目和标准的，从工伤保险基金支付，并由社保经办机构与辅助器具配置机构结算
二级伤残				85%	25个月			
三级伤残				80%	23个月			
四级伤残				75%	21个月			
五级伤残				—	18个月	18个月		
六级伤残					16个月	15个月		
七级伤残					13个月	12个月		
八级伤残					11个月	9个月		
九级伤残					9个月	6个月		
十级伤残					7个月	3个月		

规定文件		执行时间	
规定文件	中华人民共和国国务院令第586号 国务院关于修改《工伤保险条例》的决定	执行时间	2011-01-01
	上海市人民政府令第93号 上海市工伤保险实施办法		2013-01-01
	上海市人力资源和社会保障局关于调整本市工伤人员住院伙食补助费标准的通知（沪人社规〔2018〕12号）		2018-04-01 至 2027-12-31
	上海市人力资源和社会保障局关于本市工伤人员外省市就医食宿费标准的通知（沪人社规〔2019〕22号）		2019-07-01 至 2023-12-31

七、伤残津贴和生活护理费——由工伤保险基金支付的费用

文　号	标　题	内　容　摘　要	执行时间
上海市人力资源和社会保障局沪人社规〔2023〕15号	关于调整本市工伤人员伤残津贴和生活护理费标准的通知	●2022年12月31日前发生工伤且致残一级至四级工伤人员的伤残津贴在目前享受的标准基础上调整，其中致残一级增加452元/月，致残二级增加417元/月，致残三级增加394元/月，致残四级增加362元/月。 调整后的伤残津贴最低标准为：致残一级9276元/月、致残二级8643元/月、致残三级8124元/月、致残四级7592元/月。 ●2022年12月31日前发生工伤且经确认生活不能自理工伤人员的生活护理费在目前享受的标准基础上调整，其中生活完全不能自理增加394元/月，生活大部分不能自理增加315元/月，生活部分不能自理增加236元/月。 调整后的生活护理费标准为：生活完全不能自理6092元/月，生活大部分不能自理4874元/月，生活部分不能自理3655元/月。 ●2022年12月31日前已按规定办理按月领取养老金手续的致残一级至四级工伤人员，按照本通知第一条规定增加的伤残津贴低于其2023年养老金增加额的，按养老金增加额计发。 ●2023年1月1日至12月31日期间发生工伤且致残一级至四级的工伤人员，按《实施办法》规定计发的伤残津贴低于本通知第一条第二款规定的最低标准的，按最低标准计发	2023-07-01 至 2025-06-30

八、因工死亡待遇——由工伤保险基金支付的费用

文　号	标　题	内　容　摘　要	执行时间
上海市人民政府令第93号	上海市工伤保险实施办法	●丧葬补助金： 从业人员因工死亡时6个月的上年度全市职工月平均工资。 ●供养亲属抚恤金： 按从业人员本人因工死亡前12个月平均缴费工资为计发基数，其中： 配偶每月40%； 其他亲属每人每月30%； 孤寡老人或者孤儿每人每月在上述标准的基础上增加10%。核定的各供养亲属的抚恤金之和不应高于因工死亡人员生前本人工资。 ●一次性工亡补助金： 为从业人员因工死亡时上一年度全国城镇居民人均可支配收入的20倍。 注：2022年度全国城镇居民人均可支配收入为49283元	2013-01-01

注：一级至四级伤残人员停工留薪期满后死亡的，其直系亲属可享受丧葬补助金和抚恤金，不享受一次性工亡补助金。

附：历年全国城镇居民人均可支配收入

年份	全国城镇居民人均可支配收入(元)	年份	全国城镇居民人均可支配收入(元)	年份	全国城镇居民人均可支配收入(元)
1984	652	1997	5160	2010	19109
1985	739	1998	5425	2011	21810
1986	901	1999	5854	2012	24565
1987	1002	2000	6820	2013	26955
1988	1180	2001	6860	2014	28844
1989	1374	2002	7703	2015	31195
1990	1510	2003	8472	2016	33616
1991	1701	2004	9422	2017	36396
1992	2027	2005	10493	2018	39251
1993	2577	2006	11760	2019	42359
1994	3496	2007	13786	2020	43834
1995	4283	2008	15781	2021	47412
1996	4839	2009	17175	2022	49283

注：数据摘录自《中华人民共和国国民经济和社会发展统计公报》。

九、因工死亡人员供养亲属抚恤金标准

文　号	标　题	内　容　摘　要	执行时间
上海市人力资源和社会保障局沪人社规〔2023〕16号	关于调整本市因工死亡人员供养亲属抚恤金标准的通知	● 2022年12月31日前因工死亡人员供养亲属的抚恤金在2022年享受的标准基础上,每人每月增加98元。 调整后的因工死亡人员供养亲属抚恤金最低标准为每人每月1946元,其中孤寡老人或者孤儿的最低标准为每人每月2032元。 ●2023年1月1日至2023年12月31日期间因工死亡人员的供养亲属,其按《实施办法》规定计发的抚恤金低于本通知第一条第二款规定的最低标准的,按最低标准计发。 ●由工伤保险基金按照《实施办法》规定支付抚恤金的供养亲属,其按本通知规定调整后增加的费用由工伤保险基金支付。目前仍由用人单位按照《实施办法》规定支付抚恤金的供养亲属,其按本通知规定调整后增加的费用由用人单位支付	2023-07-01 至 2025-06-30

十、协保人员工伤待遇

文　号	标　题	内　容　摘　要	执行时间
上海市人民政府令第 93 号	上海市工伤保险实施办法	●用人单位使用经就业登记的协保人员的，协保人员的工资收入不计入用人单位工伤保险缴费基数。 ●协保人员发生工伤的，可以按照本办法规定享受工伤保险待遇，社保经办机构按照规定核定用人单位下一年度的浮动费率	2013-01-01

十一、非正规就业劳动组织从业人员工伤待遇

文　号	标　题	内　容　摘　要	执行时间
上海市人民政府令第 93 号	上海市工伤保险实施办法	非正规就业劳动组织参照本办法规定的缴费基数和费率缴纳工伤保险费后，其按照规定在市或者区、县人力资源社会保障局进行登记的从业人员发生工伤的，可以享受本办法规定由工伤保险基金支付的工伤保险待遇	2013-01-01

十二、非法用工单位伤亡人员一次性赔偿

文　号	标　题	内　容　摘　要	执行时间
中华人民共和国人力资源和社会保障部令第9号	非法用工单位伤亡人员一次性赔偿办法	●非法用工单位伤亡人员，是指在无营业执照或者未经依法登记、备案的单位以及被依法吊销营业执照或者撤销登记、备案的单位受到事故伤害或者患职业病的职工，或者用人单位使用童工造成的伤残、死亡童工。 ●职工或童工受到事故伤害或患职业病，在劳动能力鉴定之前进行治疗期间的生活费按照统筹地区上年度职工月平均工资标准确定，医疗费、护理费、住院期间的伙食补助费及所需的交通费等费用，按照《工伤保险条例》规定的标准和范围，全部由伤残职工或童工所在单位支付。 ●一次性赔偿金按以下标准支付： 一级伤残的为赔偿基数的16倍，二级伤残的为赔偿基数的14倍，三级伤残的为赔偿基数的12倍，四级伤残的为赔偿基数的10倍，五级伤残的为赔偿基数的8倍，六级伤残的为赔偿基数的6倍，七级伤残的为赔偿基数的4倍，八级伤残的为赔偿基数的3倍，九级伤残的为赔偿基数的2倍，十级伤残的为赔偿基数的1倍。 ●赔偿基数，是指单位所在工伤保险统筹地区上年度职工年平均工资。 ●受到事故伤害或者患职业病造成死亡的，按照上一年度全国城镇居民人均可支配收入（见本书第89页附表）的20倍支付一次性赔偿金，并按照上一年度全国城镇居民人均可支配收入的10倍一次性支付丧葬补助等其他赔偿金	2011-01-01

十三、工伤保险责任确定

文　号	标　题	内　容　摘　要	执行时间
上海市人民政府令第93号	上海市工伤保险实施办法	●用人单位分立、合并、转让的，承继单位应当承担原用人单位的工伤保险责任。 ●用人单位实行承包经营的，工伤保险责任由从业人员劳动关系所在单位承担。 ●从业人员被借调期间受到工伤事故伤害的，由原用人单位承担工伤保险责任，但原用人单位与借调单位可以约定补偿办法。 ●企业破产的，在破产清算时依法拨付应当由单位支付的工伤保险待遇费用	2013-01-01
最高人民法院法释〔2014〕9号	关于审理工伤保险行政案件若干问题的规定	社会保险行政部门认定下列单位为承担工伤保险责任单位的，人民法院应予支持： 1.职工与两个或两个以上单位建立劳动关系，工伤事故发生时，职工为之工作的单位为承担工伤保险责任的单位； 2.劳务派遣单位派遣的职工在用工单位工作期间因工伤亡的，派遣单位为承担工伤保险责任的单位； 3.单位指派到其他单位工作的职工因工伤亡的，指派单位为承担工伤保险责任的单位； 4.用工单位违反法律、法规规定将承包业务转包给不具备用工主体资格的组织或者自然人，该组织或者自然人聘用的职工从事承包业务时因工伤亡的，用工单位为承担工伤保险责任的单位； 5.个人挂靠其他单位对外经营，其聘用的人员因工伤亡的，被挂靠单位为承担工伤保险责任的单位。 前款第(四)、(五)项明确的承担工伤保险责任的单位承担赔偿责任或者社会保险经办机构从工伤保险基金支付工伤保险待遇后，有权向相关组织、单位和个人追偿	2014-09-01

十四、工伤保险浮动费率管理办法

<table>
<tr><td>条文主旨</td><td colspan="3">内　容　摘　要</td></tr>
<tr><td>浮动费率定　义</td><td colspan="3">本办法所称的浮动费率，是指社会保险经办机构在用人单位按行业基准费率缴纳工伤保险费的基础上，根据用人单位上年度的工伤保险支缴率和工伤事故发生率等因素，核定其在本年度应当浮动的工伤保险缴费比例</td></tr>
<tr><td>工伤保险支缴率</td><td colspan="3">工伤保险支缴率，是指一个自然年度内，工伤保险基金支付的工伤保险待遇费用占该单位按行业基准费率缴纳工伤保险费的比例</td></tr>
<tr><td>浮动费率的档次</td><td colspan="3">●用人单位属于一类行业的，费率分为三个档次，即在行业基准费率0.2％的基础上可向上浮动至120％、150％，不实行费率下浮；
●用人单位属于二类至八类行业的，费率各分为五个档次，即在行业基准费率0.4％、0.7％、0.9％、1.1％、1.3％、1.6％、1.9％的基础上，可分别向上浮动至120％、150％或向下浮动至80％、50％</td></tr>
<tr><td rowspan="6">工伤保险费率浮动档次考核指标</td><td colspan="2">●连续5年工伤保险支缴率＝0％</td><td>下浮两档</td></tr>
<tr><td colspan="2">工伤保险支缴率≤200％</td><td>下浮一档</td></tr>
<tr><td colspan="2">200％＜工伤保险支缴率≤400％</td><td>基准费率</td></tr>
<tr><td colspan="2">400％＜工伤保险支缴率≤600％</td><td>上浮一档</td></tr>
<tr><td colspan="2">工伤保险支缴率＞600％</td><td>上浮两档</td></tr>
<tr><td colspan="3">●达到市级以上安全生产标准化企业或被评为市级以上劳动关系和谐示范单位称号的企业，在其达标或获得称号后的三年内工伤保险支缴率首次大于200％时，给予下浮一档考核</td></tr>
<tr><td>不计入用人单位工伤保险支缴率考核范围的费用</td><td colspan="3">●从业人员在抢险救灾等维护国家利益、公共利益活动中受到伤害发生的费用。
● 从业人员原在军队服役，因战、因公负伤致残，已取得革命伤残军人证，到用人单位后旧伤复发发生的费用。
●从业人员在上下班途中，受到非本人主要责任的交通事故或者城市轨道交通、客运轮渡、火车事故伤害发生的费用。
●从业人员在工作时间和工作场所内，因履行工作职责受到暴力等意外伤害发生的费用。
●非正规就业劳动组织或者10人以下用人单位的从业人员，因工作遭受事故伤害或者患职业病发生的费用。
●高等院校、科研院所等事业单位的科研人员根据《关于完善本市科研人员双向流动的实施意见》(沪人社专发〔2015〕40号)规定在创业孵化期内，因工作遭受事故伤害或者患职业病发生的费用。
●按建设项目参加工伤保险的建设施工企业从业人员，因工作遭受事故伤害或者患职业病发生的费用。
●工伤人员在工伤康复定点机构进行住院工伤康复的费用。
●由于第三人的原因造成工伤的，工伤保险基金先行支付的费用</td></tr>
<tr><td>浮动费率责任主体</td><td colspan="3">劳务派遣从业人员在劳务派遣期间因工作遭受事故伤害或者患职业病的，由实际用工单位承担浮动费率责任</td></tr>
<tr><td>规定文件</td><td>上海市人力资源和社会保障局、财政局关于印发《上海市工伤保险浮动费率管理办法》的通知(沪人社福发〔2016〕4号)</td><td>执行时间</td><td>2016-01-21
至
2025-12-31</td></tr>
</table>

第十六章　失业保险

一、失业登记及管理

文　号	标　题	内　容　摘　要	执行时间
上海市人力资源和社会保障局沪人社规〔2020〕21号	关于进一步做好本市失业登记、失业保险有关工作的通知	●失业登记的对象范围 劳动年龄内、有劳动能力、有就业要求、处于无业状态的城乡劳动者，以及户籍地、常住地、就业地或参保地在本市的，可在本市办理失业登记。 本通知所指劳动年龄为年满16周岁(含)至依法享受基本养老保险待遇(含城乡居民养老保险待遇)；就业地或参保地在本市指劳动者无业前在本市办理过就业登记或参加过社会保险。 香港特别行政区、澳门特别行政区居民中的中国公民和我国台湾地区居民(以下简称港澳台居民)参照执行。 ●失业登记的注销 登记失业人员出现下列情形之一的，由办理机构注销其失业登记： 1.已依法享受基本养老保险待遇(含城乡居民养老保险待遇)； 2.被各类用人单位录用； 3.从事个体经营、创办企业或民办非企业； 4.已从事有稳定收入的劳动，并且月收入不低于本市最低生活保障标准； 5.入学、应征服兵役、移居境外； 6.完全丧失劳动能力； 7.被判刑收监执行； 8.死亡； 9.无正当理由连续3次拒绝接受公共就业服务； 10.连续6个月无法取得联系； 11.其他已不再处于失业状态的	2020-08-07 至 2025-08-06

二、失业保险相关待遇

条文主旨	内　容　摘　要
失业保险待遇申请	●失业人员符合下列条件的,从失业保险基金中领取失业保险金: 1. 失业前用人单位和本人已经缴纳失业保险费满1年的; 2. 非因本人意愿中断就业的; 3. 已经进行失业登记,并有求职要求的。 ●在本市参保的非本市户籍失业人员可在本市享受失业保险金等相关失业保险待遇,也可按规定转移至户籍地享受。 ●选择在本市享受失业保险待遇的非本市户籍失业人员,可凭本人有效身份证件通过线下或线上渠道,向本市经办失业保险业务的公共就业服务机构申领失业保险金。经办机构应当根据失业人员累计缴纳失业保险费的年限核定其领金期限,按照本市失业保险金标准,按月发放失业保险金。领取失业保险金期间的基本医疗保险、丧葬补助金和抚恤金等失业保险待遇的申请发放条件、待遇标准、期限和给付形式参照本市户籍失业人员的相关规定执行。 ●港澳台居民在本市享受失业保险待遇参照前述规定执行,但失业保险待遇享受期限最长不超过其持有的相关有效证件有效期(有多个有效证件的,以最晚到期的证件为准)
失业保险金领取期限	●失业人员领取失业保险金的期限,根据其失业前累计缴纳失业保险费的年限(扣除已领取失业保险金的缴纳失业保险费年限)计算。累计缴费满1年不满2年的,领取期限为2个月;累计缴费年限每增加1年,期限增加2个月。 ●失业人员连续缴纳失业保险费不满1年,但累计缴纳失业保险费满1年不满2年的,可以视作缴纳失业保险费满1年。 ●失业人员失业前用人单位和本人累计缴费满1年不足5年的,领取失业保险金的期限最长为12个月;累计缴费满5年不足10年的,领取失业保险金的期限最长为18个月;累计缴费10年以上的,领取失业保险金的期限最长为24个月。 ●重新就业后,再次失业的,缴费时间重新计算,领取失业保险金的期限与前次失业应当领取而尚未领取的失业保险金的期限合并计算,最长不超过24个月。 ●失业人员在领取失业保险金期满后,非因本人主观原因确实不能重新就业,且距法定退休年龄不足2年或者因特殊原因确需放宽的,可以申请继续领取失业保险金至其法定退休年龄

续表

条文主旨	内　容　摘　要
失业保险金领取标准	●第1—12个月领取失业保险金的失业人员，失业保险金发放标准为2175元/月。 ●第13—24个月领取失业保险金的失业人员，失业保险金发放标准为1740元/月。 ●延长领取失业保险金的失业人员，失业保险金发放标准为1510元/月
医疗保险待遇	●失业人员在领取失业保险金期间参加本市职工基本医疗保险。 领取失业补助金的本市农村原农民合同制工人参照执行。 ●失业人员参加本市职工基本医疗保险的缴费基数为缴费当月职工社会保险缴费基数的下限，缴费费率为11%(其中2%视为个人缴费)，所需费用由失业保险基金统一支付，失业人员个人不缴费。 失业人员参加职工基本医疗保险期间，医疗保险缴费年限累计计算。 ●失业人员自办理失业保险金申领手续当日起，按照本市职工基本医疗保险相关规定享受相应的医疗保险待遇。 一次性领取失业补助金的本市农村原农民合同制工人，自办理失业保险待遇申领手续当日起参加职工基本医疗保险并享受相应待遇，参保月份数按照领取失业补助金的月份数确定。 ●失业人员参加职工基本医疗保险期间，不再享受《上海市劳动和社会保障局关于印发〈上海市失业保险实施细则〉的通知》(沪劳保就发〔1999〕17号)规定的相关医疗补助金等待遇
规定文件	中华人民共和国社会保险法(中华人民共和国主席令第35号)，上海市失业保险办法(沪府发〔1999〕7号)，关于进一步做好本市失业登记、失业保险有关工作的通知(沪人社规〔2020〕21号)，上海市人力资源和社会保障局、上海市医疗保障局关于失业人员参加本市职工基本医疗保险有关事项的通知(沪人社规〔2021〕24号)，上海市人力资源和社会保障局关于调整本市失业保险金支付标准的通知(沪人社规〔2023〕17号)

第十七章　城乡居民养老保险

一、城乡居民养老保险基金构成

<table>
<tr><th rowspan="2">适用范围</th><th rowspan="2">个人账户</th><th colspan="3">基金构成(元/年)</th></tr>
<tr><th>个人缴费</th><th>政府补贴</th><th>集体补助</th></tr>
<tr><td rowspan="10">本市户籍，年满16周岁(不含在校学生)，不属于职工基本养老保险制度覆盖范围的城乡居民，可以参加城乡居民养老保险</td><td rowspan="10">城乡居民养老保险基金，由个人缴费、集体补助、政府补贴构成。参保人自主选择档次缴费，多缴多得。个人缴费、区政府对参保人的缴费补贴、集体补助，以及其他社会经济组织、公益慈善组织、个人对参保人的缴费资助，全部计入个人账户</td><td>500</td><td>200</td><td rowspan="10">有条件的村集体经济组织应当对参保人缴费给予补助，补助标准由村民委员会召开村民会议，或由村集体经济组织召开成员会议民主确定。鼓励有条件的社区将集体补助纳入社区公益事业资金筹资范围。鼓励其他社会经济组织、公益慈善组织、个人为参保人缴费提供资助。补助、资助金额不超过最高缴费档次标准</td></tr>
<tr><td>700</td><td>250</td></tr>
<tr><td>900</td><td>300</td></tr>
<tr><td>1100</td><td>350</td></tr>
<tr><td>1300</td><td>400</td></tr>
<tr><td>1700</td><td>450</td></tr>
<tr><td>2300</td><td>525</td></tr>
<tr><td>3300</td><td>575</td></tr>
<tr><td>4300</td><td>625</td></tr>
<tr><td>5300</td><td>675</td></tr>
<tr><td>规定文件</td><td colspan="2">上海市人民政府关于印发修订后的《上海市城乡居民基本养老保险办法》的通知(沪府规〔2019〕18号)</td><td>执行时间</td><td>2019-05-01
至
2024-04-30</td></tr>
</table>

二、城乡居民养老保险领取条件

文　号	标　题	内　容　摘　要	执行时间
上海市人民政府沪府规〔2019〕18号	上海市人民政府关于印发修订后的《上海市城乡居民基本养老保险办法》的通知	●参加城乡居民养老保险的人员，年满60周岁、累计缴费满15年，且未领取国家和本市规定的基本养老保障待遇的，可以按月领取城乡居民养老保险待遇。 ●本市新型农村社会养老保险(以下简称“新农保”)制度或城镇居民社会养老保险(以下简称“城居保”)制度实施时，已年满60周岁且未领取国家和本市规定的基本养老保障待遇的，不用缴费，自本办法实施之月起，可以按月领取城乡居民养老保险基础养老金；距规定领取年龄不足15年的，不足年份应当逐年缴费，也允许补缴，补缴后累计缴费年限不超过15年；距规定领取年龄超过15年的，应当按年缴费，累计缴费不少于15年	2019-05-01至2024-04-30

三、城乡居民养老保险待遇

文　号	标　题	内　容　摘　要	执行时间
上海市人民政府沪府规〔2019〕18号	上海市人民政府关于印发修订后的《上海市城乡居民基本养老保险办法》的通知	● 城乡居民养老保险待遇，由基础养老金和个人账户养老金构成，支付终身。 ● 基础养老金的月计发标准为1010元(含中央确定的基础养老金最低标准)；累计缴费超过15年的参保人员，每超过1年，其基础养老金增加20元。 ● 个人账户养老金的月计发标准为个人账户全部储存额除以139。参保人死亡，其个人账户资金余额可以依法继承。 ● 城乡居民养老保险待遇领取人员死亡的，从次月起停止支付养老金，其家属可以领取标准为6000元的丧葬补助金	2019-05-01至2024-04-30

注：上海市2023年城乡居民养老保险基础养老金标准调整为每人每月1300元。

第十八章 城乡居民医疗保险

2023 年城乡居民基本医疗保险和大病保险

项目	个人缴费金额	门诊急诊医疗待遇					住院或者急诊观察室留院观察医疗待遇						大病保险待遇（备注 3）
		起付标准	支付比例				一级医院		二级医院		三级医院		
			村卫生室	一级医院	二级医院	三级医院	起付标准（元/次）	支付比例	起付标准（元/次）	支付比例	起付标准（元/次）	支付比例	支付比例
	（元/年）												
本市户籍，70 周岁以上人员	545	300	80%（且不计入起付标准）	70%	60%	50%	50	90%	100	80%	300	70%	60%
本市户籍，60 周岁以上、不满 70 周岁人员	715	300											
本市户籍，超过 18 周岁、不满 60 周岁人员	885	500						80%		75%		60%	
本市户籍，中小学生和婴幼儿	245	300											
大学生（备注 1）	245	300											

备注：

1. 本市各高等院校、科研院所中接受普通高等学历教育的全日制本科学生、高职高专学生以及非在职研究生，统称“大学生”。大学生校内门诊发生的医疗费用，由各院校按不低于 90%支付，其余部分由个人自负。
2. 对参保人员中享受本市城乡居民最低生活保障的家庭成员和低收入困难家庭中 60 周岁以上人员以及高龄老人、职工老年遗属、重残人员等的个人缴费部分，可按规定减免。参保人员中享受本市城乡居民最低生活保障的家庭成员，在门急诊和住院起付标准内予以适当补助。重残人员门诊急诊及住院医疗待遇同“本市户籍，60 周岁以上、不满 70 周岁人员”，并在起付标准内予以全额补贴。
3. 参保居民因重症尿毒症透析治疗、肾移植抗排异治疗、恶性肿瘤治疗、部分精神病病种治疗所发生的医疗费用，纳入城乡居民大病保险范围。本市高等院校在校学生因患血友病、再生障碍性贫血所发生的医疗费用，一并纳入城乡居民大病保险范围。参保居民罹患上述大病后，在本市基本医疗保险定点医疗机构发生、符合本市基本医疗保险报销范围的费用，在基本医疗保险报销后，参保居民在基本医疗保险政策范围内个人自负的费用，纳入城乡居民大病保险支付范围，由大病保险资金报销 60%（本市低保、低收入家庭成员报销 65%）。已参加上海市中小学生、婴幼儿住院医疗互助基金的，应先扣除互助基金支付部分

规定文件：沪府规〔2020〕30 号、沪人社医发〔2015〕43 号、沪人社医发〔2016〕42 号、沪府办发〔2016〕58 号、沪医保规〔2019〕7 号、沪医保规〔2021〕11 号、沪医保规〔2022〕7 号、沪医保规〔2021〕24 号

第十九章　城乡居民社会保障托底政策

一、社会救助相关政策

条文主旨	内　容　摘　要
社会救助基本原则	●本市社会救助制度坚持托底线、救急难、可持续，与经济社会发展水平相适应，与其他社会保障制度相衔接，与法定赡养、抚养、扶养相结合，促进救助对象自助自立。 ●社会救助工作应当遵循公开、公平、公正、及时的原则
社会救助对象范围	本市对最低生活保障家庭、低收入困难家庭、支出型贫困家庭、特困人员、自然灾害受灾人员和临时救助对象，根据其家庭经济状况或者实际困难，分类给予相应的社会救助
救助申请	●申请最低生活保障、特困人员供养、支出型贫困家庭生活救助、医疗救助、住房救助、就业救助、临时救助的，可以通过网上或者向就近的社区事务受理服务机构提出申请。 ●申请教育救助的，应当按照国家和本市有关规定，由学生本人或者其监护人向就读学校提出申请
低收入困难家庭申请专项救助经济状况认定标准	申请专项救助的本市城乡居民家庭须同时符合下列标准： 1.城乡居民家庭月人均可支配收入低于当年度本市发布的低收入困难家庭申请专项救助的收入标准(2023 年度本市发布的低收入困难家庭申请专项救助的收入标准为 3020 元)。 2.人均货币财产低于 5 万元(2 人及 2 人以下家庭上浮 10%；18 周岁及以下未成年人以及虽然年满 18 周岁但仍在全日制中等学校就读的人员、60 周岁及以上老年人、残疾人上浮 20%)。 3.家庭成员名下无生活用机动车辆(残疾人用于功能性补偿代步的机动车辆除外)。 4.家庭成员名下无非居住类房屋(如商铺、办公楼、厂房、酒店式公寓等)。 5.城镇居民家庭人均住房建筑面积低于统计部门公布的上年度本市城镇居民人均住房建筑面积，仅有 1 套自住房屋的除外。这些住房包括产权住房、实行公有住房租金标准计租的承租住房、宅基地住房等。农村居民家庭除宅基地住房、统一规划的农民新村住房外，家庭成员名下无其他商品住房
规定文件	上海市社会救助条例(上海市人民代表大会常务委员会公告第 8 号)、上海市民政局关于印发《上海市低收入困难家庭申请专项救助经济状况认定标准》的通知(沪民规〔2021〕17 号)、上海市民政局关于调整本市城乡低保及相关社会救助标准的通知

二、2023 年最低生活保障标准

发文单位	标　题	内　容　摘　要	执行时间
上海市民政局、财政局	关于调整本市最低生活保障标准及相关社会救助标准的通知	从 2023 年 7 月 1 日起，本市最低生活保障标准，由每人每月 1420 元，调整为每人每月 1510 元。其中，对最低生活保障家庭中的 16 周岁（含 16 周岁）以下未成年人，救助标准由每人每月 1850 元调整为每人每月 1970 元	2023-07-01

三、2023 年救济对象定期定量补助标准调整对照表

对　象	原月标准（元）	月增加额（元）	调整后月标准（元）
重残无业人员	1850	120	1970
三胞胎			
司法老残			
散居归侨	2365	150	2515
宽释人员			
因公致残知青			
纠错人员			
历史老案纠错平反人员			
起义投诚人员	4380	280	4660
特赦人员	5790	370	6160
规定文件	上海市民政局、财政局关于调整本市最低生活保障标准及相关社会救助标准的通知	执行时间	2023-07-01

四、支出型贫困家庭生活救助办法

条文主旨	内　容　摘　要		
工作原则	对支出型贫困家庭生活救助，遵循"公开、公平、公正和保障基本生活"的原则		
申请条件	●同时具备下列条件的本市户籍家庭，可以申请支出型贫困家庭生活救助： 1.在提出申请之月前3个月内，家庭医疗费用支出和基本教育费用支出之和超过家庭可支配收入或虽未超过家庭可支配收入，但家庭可支配收入扣除家庭医疗费用支出和基本教育费用支出之和后，月人均可支配收入低于本市城乡居民最低生活保障标准的。 本办法所称医疗费用支出，是指在本市医保定点医疗机构发生的，由个人现金支付的医疗费用，扣除已经获得的各类报销、补助的金额。 本办法所称基本教育费用支出，是指在本市公办普通高中学校、全日制普通中等职业学校（中外合作办学专业除外），所发生的学费、住宿费、课本和作业本费。 2.提出申请之月前12个月家庭人均可支配收入低于本市上年度居民人均可支配收入。 3.家庭财产符合本市低收入困难家庭申请专项救助经济状况认定标准相关规定的。（认定标准见本书第101页） ●享受本市最低生活保障待遇的家庭，不纳入支出型贫困家庭生活救助范围。 ●申请支出型贫困生活救助的家庭符合医疗救助条件的，应先行申请医疗救助；家庭中的重残无业人员等本市民政定期定量补助对象，其医疗费用可以计入家庭医疗费用支出，其本人不同时享受支出型贫困家庭生活救助		
救助标准	●全额救助 在提出申请之月前3个月内，家庭医疗费用支出和基本教育费用支出之和超过家庭可支配收入的，按照本市城乡居民最低生活保障标准，给予全额救助。 ●差额救助 在提出申请之月前3个月内，家庭医疗费用支出和基本教育费用支出之和未超过家庭可支配收入，但家庭可支配收入扣除家庭医疗费用支出和基本教育费用支出之和后，月人均可支配收入低于本市城乡居民最低生活保障标准的，按照低于本市城乡居民最低生活保障标准的差额，给予救助		
资金发放	对申请支出型贫困家庭生活救助经审核确认的，自受理申请之月的次月起开始救助，救助金按月发放		
规定文件	上海市民政局等六部门关于印发《上海市支出型贫困家庭生活救助办法》的通知（沪民规〔2022〕3号）	执行时间	2022-06-10 至 2027-06-09

五、申请救助家庭中就业人员收入豁免标准

发文单位	标　题	内　容　摘　要	执行时间
上海市民政局、财政局	关于调整本市最低生活保障标准及相关社会救助标准的通知	申请社会救助家庭中,有实际就业行为、月劳动收入(包括计时制劳动收入等)达到本市企业职工月最低工资标准的人员,其本人的收入豁免标准为每人每月 870 元	2023-07-01

六、独生子女伤残、死亡家庭夫妻的特别扶助金

文　号	标　题	内　容　摘　要	执行时间
上海市卫生健康委员会、上海市财政局沪卫规〔2019〕6 号	关于提高上海市计划生育家庭特别扶助金标准的通知	●独生子女伤残后未再生育和未再收养子女的人员符合本市规定条件的,按照以下标准给予特别扶助金,直至亡故或者子女康复为止: 1.49—59 岁,每人每月 660 元。 2.60—69 岁,每人每月 710 元。 3.70 岁及以上,每人每月 760 元。 ●独生子女死亡后未再生育和未再收养子女的人员符合本市规定条件的,按照以下标准给予特别扶助金,直至亡故为止: 1.49—59 岁,每人每月 820 元。 2.60—69 岁,每人每月 870 元。 3.70 岁及以上,每人每月 920 元	2019-10-30 至 2024-09-29

七、市民社区医疗互助帮困计划

<table>
<tr><th rowspan="3">项　目</th><th rowspan="3">个人缴费金额（元/年）</th><th rowspan="3">门急诊医疗互助帮困补贴（人/年）</th><th colspan="4">门诊医疗互助帮困补助</th><th colspan="4">住院医疗互助帮困补助（备注 1）</th></tr>
<tr><th rowspan="2">起付标准（元/年）</th><th colspan="3">补助比例</th><th colspan="2">有外地职工医保的</th><th colspan="2">无外地职工医保的</th></tr>
<tr><th>一级医院</th><th>二级医院</th><th>三级医院</th><th>起付标准（元/年）</th><th>补助比例</th><th>起付标准（元/年）</th><th>补助比例</th></tr>
<tr><td>原本市户籍的支内、支疆、上山下乡知青、异地安置离退休干部等，外省市退休且迁户回沪人员</td><td rowspan="2">130</td><td rowspan="2">150</td><td rowspan="2">500</td><td rowspan="2">85%</td><td rowspan="2">80%</td><td rowspan="2">75%</td><td rowspan="2">（备注 2）</td><td rowspan="2">60%</td><td rowspan="2">1000</td><td rowspan="2">50%</td></tr>
<tr><td>上述人员的外省市户籍配偶中，外省市退休且已报入本市户口的人员</td></tr>
<tr><td>备　注</td><td colspan="10">1. 医疗互助对象当年累计住院医疗费，进行住院医疗互助帮困补助后，个人实际自负住院医疗费不得低于住院医疗总费用的 8%，低于 8%的部分不予补助。
2. 医疗互助对象在外省市（或原单位）有职工基本医疗保险的，当年住院（含急诊观察室留院观察）医疗费扣除下列费用：(1)外省市医疗保险机构规定的住院医疗费起付标准以下的医疗费；(2)在外省市医疗保险机构（或原单位）已经报销的当年住院医疗费；(3)不属于本市职工基本医疗保险支付范围的医疗费。上述住院医疗费起付标准、已经报销的住院医疗费，根据当地有关单位注明金额的报销凭证等材料核实。通过跨省异地直接结算住院医疗费的，根据住院结算票据直接核实</td></tr>
<tr><td rowspan="3">规定文件</td><td colspan="7">关于进一步完善本市市民社区医疗互助帮困计划的意见（沪府办规〔2022〕16 号）</td><td rowspan="3">执行时间</td><td colspan="2">2023-01-01 至 2027-12-31</td></tr>
<tr><td colspan="7">上海市市民社区医疗互助帮困计划实施细则（沪医保规〔2021〕10 号）</td><td colspan="2">2021-08-18 至 2026-08-17</td></tr>
<tr><td colspan="7">关于做好 2023 年市民社区医疗互助帮困计划有关事项的通知（沪医保规〔2022〕8 号）</td><td colspan="2">2022-11-15 至 2023-12-31</td></tr>
</table>

第二十章　住房公积金

一、住房公积金缴存比例和缴存基数

条文主旨	内　容　摘　要
缴存基数及其计算口径	●自2023年7月1日起,本市职工住房公积金的缴存基数由2021年月平均工资调整为2022年月平均工资。 ●2023年1月1日起新参加工作的职工,以该职工参加工作的第二个月的当月全月工资性收入或以其新参加工作以来实际发放的月平均工资作为其住房公积金缴存基数。 ●2023年1月1日起新调入的职工,以调入后发放的当月全月工资性收入或以其实际发放的月平均工资作为其住房公积金缴存基数。 ●住房公积金和补充住房公积金缴存基数最高不超过36549元,最低不低于2590元
缴存比例	●单位和职工住房公积金缴存比例为各5%－7%(取整数值)。单位可以在上述比例范围内,自主确定住房公积金具体缴存比例。 ●缴存住房公积金的单位可以按照自愿原则参加补充住房公积金制度。单位和职工补充住房公积金缴存比例为各1%－5%(取整数值),具体缴存比例由各单位根据实际情况确定
月缴存额的计算及其上下限	●住房公积金、补充住房公积金月缴存额是缴存基数分别乘以所在单位和职工本人的住房公积金缴存比例之和。 ●住房公积金缴存比例为各7%的,对应的住房公积金月缴存额上限为5116元,下限为362元。 ●补充住房公积缴存比例为各5%的,对应的补充住房公积金月缴存额上限为3654元,下限为260元
外籍、境外永居人员、台港澳来沪工作人员参加住房公积金制度	与本市用人单位建立劳动(聘用)关系,持上海市海外人才居住证、港澳台居民居住证、《外国人永久居留身份证》《外国人工作许可证》《定居国外人员在沪就业核准证》等证件的外籍、获得境外永久(长期)居留权和香港澳门台湾在沪工作人员,在本人与单位协商一致的基础上,所在单位和个人可以按规定缴存住房公积金和补充住房公积金

规定文件		执行时间	
规定文件	关于2023年度上海市调整住房公积金缴存基数、比例以及月缴存额上下限的通知(沪公积金管委会〔2023〕9号)	执行时间	2023-07-01
	上海市住房公积金缴存管理办法(沪公积金管委会〔2023〕3号)		2023-04-01

附：近年住房公积金缴存比例和缴存上、下限

<table>
<tr><th rowspan="2">项目</th><th rowspan="2">缴存比例</th><th colspan="2">单位和个人缴存之和(元)</th><th rowspan="2">执行时间</th></tr>
<tr><th>上限</th><th>下限</th></tr>
<tr><td>2002 年</td><td rowspan="16">7%</td><td>622</td><td>124</td><td>2002-07-01</td></tr>
<tr><td>2003 年</td><td>682</td><td>136</td><td>2003-07-01</td></tr>
<tr><td>2004 年</td><td>776</td><td>64</td><td>2004-07-01</td></tr>
<tr><td>2005 年</td><td>854</td><td>64</td><td>2005-07-01</td></tr>
<tr><td>2006 年</td><td>938</td><td>70</td><td>2006-07-01</td></tr>
<tr><td>2007 年</td><td>1034</td><td>106</td><td>2007-07-01</td></tr>
<tr><td>2008 年</td><td>1214</td><td>134</td><td>2008-07-01</td></tr>
<tr><td>2009 年</td><td>1382</td><td>134</td><td>2009-07-01</td></tr>
<tr><td>2010 年</td><td>1498</td><td>134</td><td>2010-07-01</td></tr>
<tr><td>2011 年</td><td>1636</td><td>156</td><td>2011-07-01</td></tr>
<tr><td>2012 年</td><td>1820</td><td>180</td><td>2012-07-01</td></tr>
<tr><td>2013 年</td><td>1970</td><td>204</td><td>2013-07-01</td></tr>
<tr><td>2014 年</td><td>2116</td><td>226</td><td>2014-07-01</td></tr>
<tr><td>2015 年</td><td>2290</td><td>254</td><td>2015-07-01</td></tr>
<tr><td>2016 年</td><td>2494</td><td>282</td><td>2016-07-01</td></tr>
<tr><td>2017 年</td><td>2732</td><td>306</td><td>2017-07-01</td></tr>
<tr><td rowspan="3">2018 年</td><td>7%</td><td>2996</td><td>322</td><td rowspan="3">2018-07-01</td></tr>
<tr><td>6%</td><td>2568</td><td>276</td></tr>
<tr><td>5%</td><td>2140</td><td>230</td></tr>
<tr><td rowspan="3">2019 年</td><td>7%</td><td>3290</td><td>338</td><td rowspan="3">2019-04-01</td></tr>
<tr><td>6%</td><td>2820</td><td>290</td></tr>
<tr><td>5%</td><td>2350</td><td>242</td></tr>
<tr><td rowspan="3">2020 年</td><td>7%</td><td>3922</td><td>348</td><td rowspan="3">2020-07-01</td></tr>
<tr><td>6%</td><td>3362</td><td>298</td></tr>
<tr><td>5%</td><td>2802</td><td>248</td></tr>
<tr><td rowspan="3">2021 年</td><td>7%</td><td>4342</td><td>348</td><td rowspan="3">2021-07-01</td></tr>
<tr><td>6%</td><td>3722</td><td>298</td></tr>
<tr><td>5%</td><td>3102</td><td>248</td></tr>
<tr><td rowspan="3">2022 年</td><td>7%</td><td>4786</td><td>362</td><td rowspan="3">2022-07-01</td></tr>
<tr><td>6%</td><td>4102</td><td>310</td></tr>
<tr><td>5%</td><td>3418</td><td>260</td></tr>
<tr><td rowspan="3">2023 年</td><td>7%</td><td>5116</td><td>362</td><td rowspan="3">2023-07-01</td></tr>
<tr><td>6%</td><td>4386</td><td>310</td></tr>
<tr><td>5%</td><td>3654</td><td>260</td></tr>
</table>

二、关于降低住房公积金缴存比例或缓缴住房公积金

<table>
<tr><th>条文主旨</th><th colspan="3">内　容　摘　要</th></tr>
<tr><td>降低住房公积金缴存比例申请条件</td><td colspan="3">符合下列条件之一的，单位可以申请降低单位和职工住房公积金缴存比例至5%以下：
1.连续经营亏损两年及以上的企业，且职工月平均工资水平不高于上一年全市职工月平均工资60%的；
2.自设立之日起三年内的符合国家规定的小型微型企业</td></tr>
<tr><td>缓缴住房公积金申请条件</td><td colspan="3">符合下列条件之一的，单位可以申请缓缴住房公积金：
1.濒临破产、已停产或已依法批准缓缴社会保险费的企业，可以申请缓缴住房公积金；
2.已连续三年批准降低比例缴存或上一年已批准缓缴的企业，经营仍然亏损且职工月平均工资水平不高于上一年全市职工月平均工资60%的，可以申请缓缴住房公积金；
3.经济效益差或连续经营亏损两年及以上的企业，扣除职工应缴部分的住房公积金后职工工资未达到当年本市最低工资标准的，可以经职工本人同意后申请缓缴职工应缴部分的住房公积金</td></tr>
<tr><td>单位申请降低缴存比例或缓缴的程序、期限和要求</td><td colspan="3">●单位申请降低缴存比例或者缓缴住房公积金的，应当经本单位职工代表大会或者工会审议通过并在本单位内部公示后，向管理部提出申请，按规定提供相关材料。
●单位降低缴存比例或缓缴的，待经济效益好转后，应及时提高缴存比例或恢复正常缴存并补缴缓缴期间的住房公积金。
●单位应当按照住房公积金缴存年度申请降低缴存比例和缓缴。降低缴存比例或者缓缴的期限为一年，期满后仍需降低缴存比例或者缓缴的，应当在期满之日前30日内重新申请办理</td></tr>
<tr><td>规定文件</td><td>上海市住房公积金缴存管理办法（沪公积金管委会〔2023〕3号）</td><td>执行时间</td><td>2023-04-01</td></tr>
</table>

第二十一章　福利待遇

一、职工福利费

文　号	标　题	内　容　摘　要	执行时间
财政部财企〔2007〕48号	关于实施修订后的《企业财务通则》有关问题的通知	关于职工福利费财务制度改革的衔接问题，在修订后的《企业财务通则》实施后，企业不再按照工资总额14%计提职工福利费	2007-01-01
财政部财企〔2009〕242号	关于企业加强职工福利费财务管理的通知	●职工福利费是指企业为职工提供的除职工工资、奖金、津贴、纳入工资总额管理的补贴、职工教育经费、社会保险费和补充养老保险费(年金)、补充医疗保险费及住房公积金以外的福利待遇支出。主要包括：为职工卫生保健、生活等发放或支付的各项现金补贴和非货币性福利，企业尚未分离的内设集体福利部门所发生的设备、设施和人员费用，职工困难补助，离退休人员统筹外费用及按规定发生的其他职工福利费(包括丧葬补助费、抚恤费、职工异地安家费、独生子女费、探亲假路费等)。 ●企业为职工提供的交通、住房、通讯待遇，已经实行货币化改革的，按月按标准发放或支付的住房补贴、交通补贴或者车改补贴、通讯补贴，应当纳入职工工资总额，不再纳入职工福利费管理；尚未实行货币化改革的，企业发生的相关支出作为职工福利费管理，但根据国家有关企业住房制度改革政策的统一规定，不得再为职工购建住房	2009-11-12

二、企业年金及其递延纳税政策

<table>
<tr><td>条文主旨</td><td colspan="3">内　容　摘　要</td></tr>
<tr><td>企业年金</td><td colspan="3">●企业年金是指企业及其职工在依法参加基本养老保险的基础上，自愿建立的补充养老保险制度。
●企业年金所需费用由企业和职工个人共同缴纳。职工个人缴费可以由企业从职工个人工资中代扣。
●企业缴费每年不超过本企业职工工资总额的 8%。企业和职工个人缴费合计不超过本企业职工工资总额的 12%。
●人力资源社会保障行政部门自收到企业年金方案文本之日起 15 日内未提出异议的，企业年金方案即行生效。
●企业当期缴费计入职工企业年金个人账户的最高额与平均额不得超过 5 倍。
●职工企业年金个人账户中个人缴费及其投资收益自始归属于职工个人。企业缴费及其投资收益可以与职工一方约定其自始归属于职工个人，也可以约定随着职工在本企业工作年限的增加逐步归属职工个人，完全归属于职工个人的期限最长不超过 8 年</td></tr>
<tr><td>企业年金递延纳税政策</td><td colspan="3">●在年金缴费环节，对单位根据国家有关政策规定为职工支付的企业年金或职业年金缴费，在计入个人账户时，个人暂不缴纳个人所得税；个人根据国家有关政策规定缴付的年金个人缴费部分，在不超过本人缴费工资计税基数的 4%标准内的部分，暂从个人当期的应纳税所得额中扣除。
●在年金基金投资环节，企业年金或职业年金基金投资运营收益分配计入个人账户时，暂不征收个人所得税。
●在年金领取环节，个人达到国家规定的退休年龄领取的企业年金或职业年金，按照“工资、薪金所得”项目适用的税率，计征个人所得税</td></tr>
<tr><td rowspan="2">规定文件</td><td>人力资源和社会保障部企业年金办法（中华人民共和国人力资源和社会保障部令第 36 号）</td><td rowspan="2">执行时间</td><td>2018-02-01</td></tr>
<tr><td>财政部、人力资源社会保障部、国家税务总局关于企业年金职业年金个人所得税有关问题的通知（财税〔2013〕103 号）</td><td>2014-01-01</td></tr>
</table>

三、独生子女费

文　号	标　题	内　容　摘　要	执行时间
上海市第十二届人民代表大会常务委员会第九次会议通过	上海市人口与计划生育条例	在国家提倡一对夫妻生育一个子女期间，自愿终身只生育一个子女的公民，在子女十六周岁以前，由区卫生健康部门按照有关规定向其颁发《独生子女父母光荣证》	2004-04-15 2014-02-25 第一次修正 2016-02-23 第二次修正 2021-11-25 第三次修正
上海市人民政府沪府规〔2022〕18号	关于印发修订后的《上海市计划生育奖励与补助若干规定》的通知	●有《光荣证》的本市户籍公民，在其子女年满 16 周岁以前，领取每月 30 元的独生子女父母奖励费。 ●独生子女父母奖励费按照下列办法支付： 1.有用人单位的，由用人单位支付； 2.无用人单位的，由其户籍所在地的镇（乡）政府、街道办事处支付	2022-11-01

四、幼托收费和补贴标准

文号	标题	等级及服务	类　别	收费（学生每月）
上海市物价局沪价行〔2000〕第 187 号	关于调整本市托儿所、幼儿园收费标准的通知	全日制二级托儿所、幼儿园	托中班及以下(2 周岁以下) 托大班(2～3 周岁) 幼小班(3～4 周岁) 幼中、幼大班(4～6 周岁) 视力、听力、智能、肢体等残障儿童	280 元 220 元 180 元 150 元 加收 70 元
		寄宿制二级托儿所、幼儿园	托大班(2～3 周岁) 幼小班(3～4 周岁) 幼中、幼大班(4～6 周岁)	400 元 350 元 300 元
		全日制一级托儿所、幼儿园	在全日制二级园所的基础上	每月加收 50 元
		全日制三级托儿所、幼儿园	在全日制二级园所的基础上	每月减收 50 元
		寄宿制一级托儿所、幼儿园	在寄宿制二级园所的基础上	每月加收 100 元
		1. 各年龄段儿童入托管理费的收费标准中，父母单位各报销 50 元。残障儿童的父母单位各报销 70 元。 2. 自 2000 年 9 月 1 日起执行		

五、职工出境定居离职费

文 号	标 题	内 容 摘 要	执行时间
劳动和社会保障部办公厅劳社厅函〔2005〕126号	关于出境定居的归侨侨眷职工享受一次性离职费问题的复函	●一次性离职费是基本养老保险制度建立之前，对归侨、侨眷职工因出境定居终止劳动关系不再享受退休待遇而由企业支付的一次性补助金。社会保险制度建立后，对不符合国家规定退休条件的归侨、侨眷职工获准出境定居的，按照国家有关规定办理终止劳动关系手续时，支付一次性离职费应根据职工参加社会保险统筹情况区别对待。 ●职工已经参加基本养老保险、基本医疗保险的，由社会保险经办机构按照规定将其基本养老保险个人账户储存额一次性支付给本人，并一次性结清其医疗保险个人账户，终止其基本养老保险、基本医疗保险关系；对职工在建立基本养老保险个人账户之前本企业的实际工作年限，仍由用人单位比照国务院侨办、劳动人事部、财政部《关于归侨、侨眷职工因私事出境的假期、工资等问题的规定》(〔83〕侨政会字第007号)支付职工一次性离职费	2005-04-19

续表

文　号	标　题	内　容　摘　要	执行时间
国务院侨务办公室、劳动人事部、财政部〔83〕侨政会字第007号	关于归侨、侨眷职工因私事出境的假期、工资等问题的规定	凡不符合国家规定的退休、退职条件的在职职工，获准出境定居的，可以发给一次性离职费，其标准如下： 1. 连续工龄满一年至十年的，每满一年发给一个月的本人标准工资； 2. 连续工龄在十年以上的，从第十一年起，每满一年发给一个半月的本人标准工资。满一年的尾数，不足六个月的，按半年计算，超过六个月的，按一年计算。离职费的总额，最高以本人二十四个月的标准工资为限	1983-01-25
上海市劳动和社会保障局沪劳保关发〔2005〕36号	关于实施《上海市劳动合同条例》若干问题的通知（三）	●对职工1993年1月1日之前在本企业的工作年限，仍由用人单位比照国务院侨办、劳动人事部、财政部《关于归侨、侨眷职工因私事出境的假期、工资等问题的规定》（〔83〕侨政会字第007号）支付职工一次性离职费。 ●一次性离职费的标准按1992年职工实际工资月收入确定	2005-10-17

六、企业职工因病或非因工死亡遗属待遇

<table>
<tr><th colspan="2">条文主旨</th><th colspan="3">内　容　摘　要</th></tr>
<tr><td colspan="2">申领条件</td><td colspan="3">参加企业职工基本养老保险的人员（包括在职人员和退休人员，以下简称参保人员）因病或非因工死亡的，其遗属可以领取丧葬补助金和抚恤金（合称遗属待遇）</td></tr>
<tr><td rowspan="2">遗属待遇</td><td>抚恤金</td><td colspan="3">●在职人员（含灵活就业等以个人身份参保人员），以死亡时本省上一年度城镇居民月人均可支配收入为基数，根据本人的缴费年限（包括实际缴费年限和视同缴费年限，下同）确定发放月数：
1.缴费年限不满5年的，发放月数为3个月；
2.缴费年限满5年不满10年的，发放月数为6个月；
3.缴费年限满10年不超过15年（含15年）的，发放月数为9个月；
4.缴费年限15年以上的，每多缴费1年，发放月数增加1个月。缴费年限30年以上的，按照30年计算，发放月数最高为24个月。
●退休人员（含退职人员），以死亡时本省上一年度城镇居民月人均可支配收入为基数，根据本人在职时的缴费年限确定最高发放月数（计算方法与在职人员相同），每领取1年基本养老金减少1个月，发放月数最低为9个月。
●本条所述缴费年限和领取基本养老金时间计算到月</td></tr>
<tr><td colspan="4">参保人员因病或非因工死亡，累计缴费年限不足5年的，其遗属待遇标准不得超过其个人缴费之和（灵活就业等以个人身份参保人员以记入个人账户部分计算）</td></tr>
<tr><td colspan="2">待遇领取地</td><td colspan="3">●在职参保人员死亡的遗属待遇领取地为其最后养老保险关系所在地（含临时基本养老保险缴费账户所在地），由最后养老保险关系所在地社会保险经办机构负责核定参保人员缴费年限等相关信息，并支付遗属待遇。
●退休人员死亡的遗属待遇领取地为其企业职工基本养老保险待遇领取地</td></tr>
<tr><td colspan="2">规定文件</td><td>企业职工基本养老保险遗属待遇暂行办法（人社部发〔2021〕18号）</td><td>执行时间</td><td>2021-09-01</td></tr>
</table>

七、因病或非因工死亡职工的遗属生活困难补助费标准

文　号	标　题	内　容　摘　要	执行时间
上海市人力资源和社会保障局沪人社福发〔2013〕29号	关于本市因病或非因工死亡职工遗属生活困难补助费有关问题的通知	自2013年4月1日起，本市因病或非因工死亡职工遗属生活困难补助费标准暂不调整，继续按每人每月570元（孤寡老人或者孤儿的，增加30%）执行	2013-04-01

第三部分　争议处理

第二十二章　劳动用工相关法律责任

一、招工、退工

文　号	标　题	内　容　摘　要	执行时间
中华人民共和国主席令　第65号	中华人民共和国劳动合同法	●用人单位违反本法规定，扣押劳动者居民身份证等证件的，由劳动行政部门责令限期退还劳动者本人，并依照有关法律规定给予处罚。 ●用人单位违反本法规定，以担保或者其他名义向劳动者收取财物的，由劳动行政部门责令限期退还劳动者本人，并以每人五百元以上二千元以下的标准处以罚款；给劳动者造成损害的，应当承担赔偿责任。 ●劳动者依法解除或者终止劳动合同，用人单位扣押劳动者档案或者其他物品的，依照上述规定处罚。 ●用人单位招用与其他用人单位尚未解除或者终止劳动合同的劳动者，给其他用人单位造成损失的，应当承担连带赔偿责任。 ●用人单位违反本法规定未向劳动者出具解除或者终止劳动合同的书面证明，由劳动行政部门责令改正；给劳动者造成损害的，应当承担赔偿责任	2008-01-01 2012-12-28修正
上海市劳动和社会保障局沪劳保关发〔2004〕4号	关于实施《上海市劳动合同条例》若干问题的通知(二)	●劳动合同关系已经解除或者终止，用人单位未按规定出具解除或者终止劳动合同关系的有效证明或未及时办理退工手续，影响劳动者办理失业登记手续造成损失的，应当按照失业保险金有关规定予以赔偿；给劳动者造成其他实际损失的，用人单位应当按照劳动者的请求，赔偿其他实际损失，但不再承担法定失业保险金的赔偿责任。 ●因劳动者原因造成用人单位未能及时办理退工手续的，其损失由劳动者承担	2004-01-05

续表

文　号	标　题	内　容　摘　要	执行时间
中华人民共和国劳动和社会保障部令第28号	就业服务与就业管理规定	用人单位违反本规定在国家法律、行政法规和国务院卫生行政部门规定禁止乙肝病原携带者从事的工作岗位以外招用人员时，将乙肝病毒血清学指标作为体检标准的，由劳动保障行政部门责令改正，并可处以1000元以下的罚款；对当事人造成损害的，应当承担赔偿责任	2008-01-01
中华人民共和国国务院令第535号	中华人民共和国劳动合同法实施条例	用人单位违反劳动合同法有关建立职工名册规定的，由劳动行政部门责令限期改正；逾期不改正的，由劳动行政部门处2000元以上2万元以下的罚款	2008-09-18
劳动部劳部发〔1995〕223号	关于发布《违反〈劳动法〉有关劳动合同规定的赔偿办法》的通知	用人单位招用尚未解除劳动合同的劳动者，对原用人单位造成经济损失的，除该劳动者承担直接赔偿责任外，该用人单位应当承担连带赔偿责任。其连带赔偿的份额应不低于对原用人单位造成经济损失总额的百分之七十。向原用人单位赔偿下列损失： 1.对生产、经营和工作造成的直接经济损失； 2.因获取商业秘密给原用人单位造成的经济损失	1995-05-10
人力资源社会保障部、教育部等九部门	关于进一步规范招聘行为促进妇女就业的通知	对用人单位、人力资源服务机构发布含有性别歧视内容招聘信息的，依法责令改正；拒不改正的，处1万元以上5万元以下的罚款；情节严重的人力资源服务机构，吊销人力资源服务许可证。将用人单位、人力资源服务机构因发布含有性别歧视内容的招聘信息接受行政处罚等情况纳入人力资源市场诚信记录，依法实施失信惩戒	2019-02-18

二、劳动合同的订立

文 号	标 题	内 容 摘 要	执行时间
中华人民共和国主席令第65号	中华人民共和国劳动合同法	●用人单位提供的劳动合同文本未载明本法规定的劳动合同必备条款或者用人单位未将劳动合同文本交付劳动者的，由劳动行政部门责令改正；给劳动者造成损害的，应当承担赔偿责任。 ●用人单位违反本法规定与劳动者约定试用期的，由劳动行政部门责令改正；违法约定的试用期已经履行的，由用人单位以劳动者试用期满月工资为标准，按已经履行的超过法定试用期的期间向劳动者支付赔偿金。 ●用人单位自用工之日起超过一个月不满一年未与劳动者订立书面劳动合同的，应当向劳动者每月支付二倍的工资。 ●用人单位违反本法规定不与劳动者订立无固定期限劳动合同的，自应当订立无固定期限劳动合同之日起向劳动者每月支付二倍的工资	2008-01-01 2012-12-28 修正
中华人民共和国国务院令第535号	中华人民共和国劳动合同法实施条例	●自用工之日起一个月内，经用人单位书面通知后，劳动者不与用人单位订立书面劳动合同的，用人单位应当书面通知劳动者终止劳动关系，无须向劳动者支付经济补偿，但是应当依法向劳动者支付其实际工作时间的劳动报酬。 ●用人单位自用工之日起超过一个月不满一年未与劳动者订立书面劳动合同的，应当依照劳动合同法第八十二条的规定向劳动者每月支付两倍的工资，并与劳动者补订书面劳动合同；劳动者不与用人单位订立书面劳动合同的，用人单位应当书面通知劳动者终止劳动关系，并依照劳动合同法第四十七条的规定支付经济补偿	2008-09-18

续表

文　号	标　题	内　容　摘　要	执行时间
中华人民共和国国务院令第535号	中华人民共和国劳动合同法实施条例	前款规定的用人单位向劳动者每月支付两倍工资的起算时间为用工之日起满一个月的次日,截止时间为补订书面劳动合同的前一日。 ●用人单位自用工之日起满一年未与劳动者订立书面劳动合同的,自用工之日起满一个月的次日至满一年的前一日应当依照劳动合同法第八十二条的规定向劳动者每月支付两倍的工资,并视为自用工之日起满一年的当日已经与劳动者订立无固定期限劳动合同,应当立即与劳动者补订书面劳动合同	2008-09-18

三、劳动合同的解除或终止

文　号	标　题	内　容　摘　要	执行时间
中华人民共和国主席令第65号	中华人民共和国劳动合同法	用人单位违反本法规定解除或者终止劳动合同,劳动者要求继续履行劳动合同的,用人单位应当继续履行;劳动者不要求继续履行劳动合同或者劳动合同已经不能继续履行的,用人单位应当依照本法第四十七条规定的经济补偿标准的二倍向劳动者支付赔偿金	2008-01-01 2012-12-28 修正
中华人民共和国国务院令第535号	中华人民共和国劳动合同法实施条例	用人单位违反劳动合同法的规定解除或者终止劳动合同,依照劳动合同法第八十七条的规定支付了赔偿金的,不再支付经济补偿。赔偿金的计算年限自用工之日起计算	2008-09-18

四、无效劳动合同

文　号	标　题	内　容　摘　要	执行时间
中华人民共和国主席令第65号	中华人民共和国劳动合同法	●劳动合同被确认无效,劳动者已付出劳动的,用人单位应当向劳动者支付劳动报酬。劳动报酬的数额,参照本单位相同或者相近岗位劳动者的劳动报酬确定。 ●劳动合同依照本法第二十六条规定被确认无效,给对方造成损害的,有过错的一方应当承担赔偿责任	2008-01-01 2012-12-28 修正

五、规章制度

文　号	标　题	内　容　摘　要	执行时间
中华人民共和国主席令第65号	中华人民共和国劳动合同法	●用人单位直接涉及劳动者切身利益的规章制度违反法律、法规规定的,由劳动行政部门责令改正,给予警告;给劳动者造成损害的,应当承担赔偿责任。 ●用人单位的规章制度违反法律、法规的规定,损害劳动者权益的,劳动者可以解除劳动合同	2008-01-01 2012-12-28 修正

六、延长工作时间

文　号	标　题	内　容　摘　要	执行时间
中华人民共和国国务院令第423号	劳动保障监察条例	用人单位违反劳动保障法律、法规或者规章延长劳动者工作时间的,由劳动保障行政部门给予警告,责令限期改正,并可以按照受侵害的劳动者每人100元以上500元以下的标准计算,处以罚款	2004-12-01

七、劳动报酬、加班费、经济补偿

文　号	标　题	内　容　摘　要	执行时间
中华人民共和国主席令第65号	中华人民共和国劳动合同法	用人单位有下列情形之一的，由劳动行政部门责令限期支付劳动报酬、加班费或者经济补偿；劳动报酬低于当地最低工资标准的，应当支付其差额部分；逾期不支付的，责令用人单位按应付金额百分之五十以上百分之一百以下的标准向劳动者加付赔偿金： 1.未按照劳动合同的约定或者国家规定及时足额支付劳动者劳动报酬的； 2.低于当地最低工资标准支付劳动者工资的； 3.安排加班不支付加班费的； 4.解除或者终止劳动合同，未依照本法规定向劳动者支付经济补偿的	2008-01-01 2012-12-28修正

八、带薪年休假

文　号	标　题	内　容　摘　要	执行时间
中华人民共和国人力资源和社会保障部令第1号	企业职工带薪年休假实施办法	用人单位不安排职工休年休假又不依照条例及本办法规定支付未休年休假工资报酬的，由县级以上地方人民政府劳动行政部门依据职权责令限期改正；对逾期不改正的，除责令该用人单位支付未休年休假工资报酬外，用人单位还应当按照未休年休假工资报酬的数额向职工加付赔偿金；对拒不执行支付未休年休假工资报酬、赔偿金行政处理决定的，由劳动行政部门申请人民法院强制执行	2008-09-18

九、劳动保护

文号	标题	内容摘要	执行时间
中华人民共和国主席令第24号	中华人民共和国职业病防治法	●用人单位违反本法规定，有下列行为之一的由安全生产监督管理部门责令限期改正，给予警告，可以并处五万元以上十万元以下的罚款： 1.未按照规定及时、如实向安全生产监督管理部门申报产生职业病危害的项目的； 2.未实施由专人负责的职业病危害因素日常监测，或者监测系统不能正常监测的； 3.订立或者变更劳动合同时，未告知劳动者职业病危害真实情况的； 4.未按照规定组织职业健康检查、建立职业健康监护档案或者未将检查结果如实告知劳动者的； 5.未依照本法规定在劳动者离开用人单位时提供职业健康监护档案复印件的。 ●用人单位违反本法规定，已经对劳动者生命健康造成严重损害的，由安全生产监督管理部门责令停止产生职业病危害的作业，或者提请有关人民政府按照国务院规定的权限责令关闭，并处十万元以上五十万元以下的罚款。 ●用人单位违反本法规定，造成重大职业病危害事故或者其他严重后果，构成犯罪的，对直接负责的主管人员和其他直接责任人员，依法追究刑事责任	2002-05-01 2011-12-31 第一次修正 2016-07-02 第二次修正 2017-11-04 第三次修正 2018-12-29 第四次修正

续表

文　号	标　题	内　容　摘　要	执行时间
中华人民共和国国务院令第423号	劳动保障监察条例	用人单位有下列行为之一的,由劳动保障行政部门责令改正,按照受侵害的劳动者每人1000元以上5000元以下的标准计算,处以罚款: 1.安排女职工从事矿山井下劳动、国家规定的第四级体力劳动强度的劳动或者其他禁忌从事的劳动的; 2.安排女职工在经期从事高处、低温、冷水作业或者国家规定的第三级体力劳动强度的劳动的; 3.安排女职工在怀孕期间从事国家规定的第三级体力劳动强度的劳动或者孕期禁忌从事的劳动的; 4.安排怀孕7个月以上的女职工夜班劳动或者延长其工作时间的; 5.女职工生育享受产假少于90天的(注:从2012年4月28日起调整为98天); 6.安排女职工在哺乳未满1周岁的婴儿期间从事国家规定的第三级体力劳动强度的劳动或者哺乳期禁忌从事的其他劳动,以及延长其工作时间或者安排其夜班劳动的; 7.安排未成年工从事矿山井下、有毒有害、国家规定的第四级体力劳动强度的劳动或者其他禁忌从事的劳动的; 8.未对未成年工定期进行健康检查的	2004-12-01

十、安全生产

文 号	标 题	内 容 摘 要	执行时间
中华人民共和国主席令第70号	中华人民共和国安全生产法	●生产经营单位与从业人员订立协议,免除或者减轻其对从业人员因生产安全事故伤亡依法应承担的责任的,该协议无效;对生产经营单位的主要负责人、个人经营的投资人处二万元以上十万元以下的罚款。 ●生产经营单位有下列行为之一的,责令限期改正,处十万元以下的罚款;逾期未改正的,责令停产停业整顿,并处十万元以上二十万元以下的罚款,对其直接负责的主管人员和其他直接责任人员处二万元以上五万元以下的罚款: 1.未按照规定设置安全生产管理机构或者配备安全生产管理人员、注册安全工程师的; 2.危险物品的生产、经营、储存、装卸单位以及矿山、金属冶炼、建筑施工、运输单位的主要负责人和安全生产管理人员未按照规定经考核合格的; 3.未按照规定对从业人员、被派遣劳动者、实习学生进行安全生产教育和培训,或者未按照规定如实告知有关的安全生产事项的; 4.未如实记录安全生产教育和培训情况的; 5.未将事故隐患排查治理情况如实记录或者未向从业人员通报的; 6.未按照规定制定生产安全事故应急救援预案或者未定期组织演练的; 7.特种作业人员未按照规定经专门的安全作业培训并取得相应资格,上岗作业的。 ●生产经营单位的从业人员不落实岗位安全责任,不服从管理,违反安全生产规章制度或者操作规程的,由生产经营单位给予批评教育,依照有关规章制度给予处分;构成犯罪的,依照刑法有关规定追究刑事责任	2002-11-01 2009-08-27 第一次修正 2014-08-31 第二次修正 2021-06-10 第三次修正

续表

文　号	标　题	内　容　摘　要	执行时间
中华人民共和国主席令第51号	中华人民共和国刑法修正案（六）	●在生产、作业中违反有关安全管理的规定，因而发生重大伤亡事故或者造成其他严重后果的，处三年以下有期徒刑或者拘役；情节特别恶劣的，处三年以上七年以下有期徒刑。 ●安全生产设施或者安全生产条件不符合国家规定，因而发生重大伤亡事故或者造成其他严重后果的，对直接负责的主管人员和其他直接责任人员，处三年以下有期徒刑或者拘役；情节特别恶劣的，处三年以上七年以下有期徒刑。 ●在安全事故发生后，负有报告职责的人员不报或者谎报事故情况，贻误事故抢救，情节严重的，处三年以下有期徒刑或者拘役；情节特别严重的，处三年以上七年以下有期徒刑	2006-06-29
中华人民共和国主席令第66号	中华人民共和国刑法修正案（十一）	●强令他人违章冒险作业，或者明知存在重大事故隐患而不排除，仍冒险组织作业，因而发生重大伤亡事故或者造成其他严重后果的，处五年以下有期徒刑或者拘役；情节特别恶劣的，处五年以上有期徒刑。 ●在生产、作业中违反有关安全管理的规定，有下列情形之一，具有发生重大伤亡事故或者其他严重后果的现实危险的，处一年以下有期徒刑、拘役或者管制： 1.关闭、破坏直接关系生产安全的监控、报警、防护、救生设备、设施，或者篡改、隐瞒、销毁其相关数据、信息的； 2.因存在重大事故隐患被依法责令停产停业、停止施工、停止使用有关设备、设施、场所或者立即采取排除危险的整改措施，而拒不执行的； 3.涉及安全生产的事项未经依法批准或者许可，擅自从事矿山开采、金属冶炼、建筑施工，以及危险物品生产、经营、储存等高度危险的生产作业活动的	2021-03-01

十一、劳务派遣

文　号	标　题	内　容　摘　要	执行时间
中华人民共和国主席令第65号	中华人民共和国劳动合同法	●违反本法规定，未经许可，擅自经营劳务派遣业务的，由劳动行政部门责令停止违法行为，没收违法所得，并处违法所得一倍以上五倍以下的罚款；没有违法所得的，可以处五万元以下的罚款。 ●劳务派遣单位、用工单位违反本法有关劳务派遣规定的，由劳动行政部门责令限期改正；逾期不改正的，以每人五千元以上一万元以下的标准处以罚款，对劳务派遣单位，吊销其劳务派遣业务经营许可证。用工单位给被派遣劳动者造成损害的，劳务派遣单位与用工单位承担连带赔偿责任	2008-01-01 2012-12-28 修正
中华人民共和国人力资源和社会保障部令第19号	劳务派遣行政许可实施办法	劳务派遣单位有下列情形之一的，由人力资源社会保障行政部门处1万元以下的罚款；情节严重的，处1万元以上3万元以下的罚款： 1. 涂改、倒卖、出租、出借《劳务派遣经营许可证》，或者以其他形式非法转让《劳务派遣经营许可证》的； 2. 隐瞒真实情况或者提交虚假材料取得劳务派遣行政许可的； 3. 以欺骗、贿赂等不正当手段取得劳务派遣行政许可的	2013-07-01
上海市人力资源和社会保障局沪人社规〔2021〕34号	关于印发《中国（上海）自由贸易试验区及临港新片区实行劳务派遣经营许可告知承诺的试点办法》的通知	●人力资源社会保障行政部门发现劳务派遣单位实际情况与承诺内容不符的，应当要求其限期整改；逾期拒不整改或者整改后仍不符合条件的，人力资源社会保障行政部门应当依法撤销行政许可决定。对违反承诺的劳务派遣单位，人力资源社会保障行政部门可以按照《上海市行政审批告知承诺管理办法》（上海市人民政府令第4号）第十四条第一款的规定进行处罚。 ●人力资源社会保障行政部门在许可审批、后续监管中发现申请人、劳务派遣单位作出不实承诺的或者违反承诺的，应当记入申请人、劳务派遣单位信用档案，并对该申请人、劳务派遣单位不再适用告知承诺的许可审批方式	2022-01-01 至 2026-12-31

续表

文　号	标　题	内　容　摘　要	执行时间
上海市人力资源和社会保障局(沪人社规〔2021〕34号)	关于印发《中国(上海)自由贸易试验区及临港新片区劳务派遣经营许可告知承诺的试点办法》的通知	●对依据本办法第十二条规定被撤销行政许可、受到行政处罚的劳务派遣单位,人力资源社会保障行政部门按照规定将其失信信息归集至上海市公共信用信息服务平台	2022-01-01 至 2026-12-31

十二、外国人在中国就业

文　号	标　题	内　容　摘　要	执行时间
中华人民共和国主席令第57号	中华人民共和国出境入境管理法	●外国人有下列行为之一的,属于非法就业: 1. 未按照规定取得工作许可和工作类居留证件在中国境内工作的; 2. 超出工作许可限定范围在中国境内工作的; 3. 外国留学生违反勤工助学管理规定,超出规定的岗位范围或者时限在中国境内工作的。 ●外国人非法就业的,处五千元以上二万元以下罚款;情节严重的,处5日以上15日以下拘留,并处五千元以上二万元以下罚款。 ●介绍外国人非法就业的,对个人处每非法介绍一人五千元,总额不超过五万元的罚款;对单位处每非法介绍一人五千元,总额不超过十万元的罚款;有违法所得的,没收违法所得。 ●非法聘用外国人的,处每非法聘用一人一万元,总额不超过十万元的罚款;有违法所得的,没收违法所得	2013-07-01
最高人民法院法释〔2020〕26号	关于审理劳动争议案件适用法律问题的解释(一)	●外国人、无国籍人未依法取得就业证件即与中华人民共和国境内的用人单位签订劳动合同,当事人请求确认与用人单位存在劳动关系的,人民法院不予支持。 ●持有《外国专家证》并取得《外国人来华工作许可证》的外国人,与中华人民共和国境内的用人单位建立用工关系的,可以认定为劳动关系	2021-01-01

十三、社会保险

文　号	标　题	内　容　摘　要	执行时间
中华人民共和国主席令第35号	中华人民共和国社会保险法	●用人单位不办理社会保险登记的，由社会保险行政部门责令限期改正；逾期不改正的，对用人单位处应缴社会保险费数额一倍以上三倍以下的罚款，对其直接负责的主管人员和其他直接责任人员处五百元以上三千元以下的罚款。 ●用人单位未按时足额缴纳社会保险费的，由社会保险费征收机构责令限期缴纳或者补足，并自欠缴之日起，按日加收万分之五的滞纳金；逾期仍不缴纳的，由有关行政部门处欠缴数额一倍以上三倍以下的罚款。 ●以欺诈、伪造证明材料或者其他手段骗取社会保险待遇的，由社会保险行政部门责令退回骗取的社会保险金，处骗取金额二倍以上五倍以下的罚款。 ●用人单位未按规定申报应当缴纳的社会保险费数额的，按照该单位上月缴费额的110％确定应当缴纳数额	2011-07-01
中华人民共和国国务院令第375号	工伤保险条例	●用人单位未在本条例规定的时限内提交工伤认定申请，在此期间发生符合本条例规定的工伤待遇等有关费用由该用人单位负担。 ●工伤职工有下列情形之一的，停止享受工伤保险待遇： 1.丧失享受待遇条件的； 2.拒不接受劳动能力鉴定的； 3.拒绝治疗的。 ●用人单位违反本条例的相关规定，拒不协助社会保险行政部门对事故进行调查核实的，由社会保险行政部门责令改正，处2000元以上2万元以下的罚款	2004-01-01 2010-12-20 修订

续表

文　号	标　题	内　容　摘　要	执行时间
上海市人民政府令第93号	上海市工伤保险实施办法	●应当参加工伤保险而未参加或者未按规定缴纳工伤保险费的用人单位，未参加工伤保险或者未按规定缴纳工伤保险费期间，从业人员发生工伤的，由用人单位按照本办法规定的工伤保险待遇项目和标准支付费用。用人单位不支付的，从工伤保险基金中先行支付。从工伤保险基金中先行支付的费用，应当由用人单位偿还。用人单位不偿还的，社保经办机构依法追偿。 ●用人单位参加工伤保险并补缴应当缴纳的工伤保险费、滞纳金后，由工伤保险基金和用人单位依照本办法的规定支付新发生的费用	2013-01-01

十四、住房公积金

文　号	标　题	内　容　摘　要	执行时间
中华人民共和国国务院令第259号	住房公积金管理条例	●单位不办理住房公积金缴存登记或者不为本单位职工办理住房公积金账户设立手续的，由住房公积金管理中心责令限期办理；逾期不办理的，处1万元以上5万元以下的罚款。 ●单位逾期不缴或者少缴住房公积金的，由住房公积金管理中心责令限期缴存；逾期仍不缴存的，可以申请人民法院强制执行	1999-04-03 2002-03-24第一次修正 2019-03-24第二次修正
上海市住房公积金管理委员会沪公积金管委会〔2023〕3号	上海市住房公积金缴存管理办法	单位在办理住房公积金缴存业务时应当提供真实、合法、准确的相关证明材料。单位提供虚假材料的，市公积金中心依法将单位相关信息向社会公开并纳入征信系统；涉嫌犯罪的，依法移送司法机关	2023-04-01

十五、残疾人就业保障金

文　号	标　题	内　容　摘　要	执行时间
财政部、国家税务总局、中国残疾人联合会财税〔2015〕72号	关于印发《残疾人就业保障金征收使用管理办法》的通知	用人单位未按规定缴纳保障金的，按照《残疾人就业条例》的规定，由保障金征收机关提交财政部门，由财政部门予以警告，责令限期缴纳；逾期仍不缴纳的，除补缴欠缴数额外，还应当自欠缴之日起，按日加收5‰的滞纳金。滞纳金按照保障金入库预算级次缴入国库	2015-10-01

十六、集体协商

文　号	标　题	内　容　摘　要	执行时间
上海市人民代表大会常务委员会公告第22号	关于修改《上海市集体合同条例》的决定	●违反本条例第十条第二款规定，无正当理由调整职工一方协商代表工作岗位的，经协商代表本人提出，企业应当恢复其原工作岗位。 ●企业无正当理由拒绝或者拖延集体协商的，市和区、县总工会可以作出整改意见书，要求企业予以改正。 ●违反本条例第十五条第二款规定，拒绝或者拖延集体协商的，人力资源社会保障部门应当责令其改正。 ●企业拒不改正的，按照本市公共信用信息管理的相关规定将该信息纳入市公共信用信息服务平台。 ●企业、职工违反本条例第二十一条规定，构成违反治安管理行为的，由公安机关依法处理；构成犯罪的，依法追究刑事责任。（注：相关法律法规条款见本书第141页）	2008-01-01 2015-06-18 修正

十七、违反《中华人民共和国工会法》

文　号	标　题	内　容　摘　要	执行时间
中华人民共和国主席令第107号	中华人民共和国工会法	●违反本法,阻挠职工依法参加和组织工会或者阻挠上级工会帮助、指导职工筹建工会的,由劳动行政部门责令其改正;拒不改正的,由劳动行政部门提请县级以上人民政府处理;以暴力、威胁等手段阻挠造成严重后果,构成犯罪的,依法追究刑事责任。 ●违反本法规定,对依法履行职责的工会工作人员无正当理由调动工作岗位,进行打击报复的,由劳动行政部门责令改正、恢复原工作;造成损失的,给予赔偿。 ●对依法履行职责的工会工作人员进行侮辱、诽谤或者进行人身伤害,构成犯罪的,依法追究刑事责任;尚未构成犯罪的,由公安机关依照治安管理处罚法的规定处罚。 ●违反本法规定,有下列情形之一的,由劳动行政部门责令恢复其工作,并补发被解除劳动合同期间应得的报酬,或者责令给予本人年收入二倍的赔偿: 1.职工因参加工会活动而被解除劳动合同的; 2.工会工作人员因履行本法规定的职责而被解除劳动合同的。 ●违反本法规定,有下列情形之一的,由县级以上人民政府责令改正,依法处理: 1.妨碍工会组织职工通过职工代表大会和其他形式依法行使民主权利的; 2.非法撤销、合并工会组织的; 3.妨碍工会参加职工因工伤亡事故以及其他侵犯职工合法权益问题的调查处理的; 4.无正当理由拒绝进行平等协商的。 ●违反本法第四十七条规定,侵占工会经费和财产拒不返还的,工会可以向人民法院提起诉讼,要求返还,并赔偿损失	1992-04-03 2001-10-27 第一次修正 2009-08-27 第二次修正 2021-12-24 第三次修正

十八、劳动监察

文 号	标 题	内 容 摘 要	执行时间
中华人民共和国国务院令第423号	劳动保障监察条例	有下列行为之一的，由劳动保障行政部门责令改正；对有第1项、第2项或者第3项规定的行为的，处2000元以上2万元以下的罚款： 1.无理抗拒、阻挠劳动保障行政部门依照本条例的规定实施劳动保障监察的； 2.不按照劳动保障行政部门的要求报送书面材料，隐瞒事实真相，出具伪证或者隐匿、毁灭证据的； 3.经劳动保障行政部门责令改正拒不改正，或者拒不履行劳动保障行政部门的行政处理决定的； 4.打击报复举报人、投诉人的。 违反前款规定，构成违反治安管理行为的，由公安机关依法给予治安管理处罚；构成犯罪的，依法追究刑事责任	2004-12-01

十九、恶意欠薪

文 号	标 题	内 容 摘 要	执行时间
中华人民共和国主席令第41号	中华人民共和国刑法修正案(八)	●以转移财产、逃匿等方法逃避支付劳动者的劳动报酬或者有能力支付而不支付劳动者的劳动报酬，数额较大，经政府有关部门责令支付仍不支付的，处三年以下有期徒刑或者拘役，并处或者单处罚金；造成严重后果的，处三年以上七年以下有期徒刑，并处罚金。 ●单位犯前款罪的，对单位判处罚金，并对其直接负责的主管人员和其他直接责任人员，依照前款的规定处罚。 ●有前两款行为，尚未造成严重后果，在提起公诉前支付劳动者的劳动报酬，并依法承担相应赔偿责任的，可以减轻或者免除处罚	2011-05-01

续表

文号	标题	内容摘要	执行时间
最高人民法院法释〔2013〕3号	关于审理拒不支付劳动报酬刑事案件适用法律若干问题的解释	●以逃避支付劳动者的劳动报酬为目的，具有下列情形之一的，应当认定为刑法第二百七十六条之一第一款规定的“以转移财产、逃匿等方法逃避支付劳动者的劳动报酬”： 1.隐匿财产、恶意清偿、虚构债务、虚假破产、虚假倒闭或者以其他方法转移、处分财产的； 2.逃跑、藏匿的； 3.隐匿、销毁或者篡改账目、职工名册、工资支付记录、考勤记录等与劳动报酬相关的材料的； 4.以其他方法逃避支付劳动报酬的。 ●具有下列情形之一的，应当认定为刑法第二百七十六条之一第一款规定的“数额较大”： 1.拒不支付一名劳动者三个月以上的劳动报酬且数额在五千元至二万元以上的； 2.拒不支付十名以上劳动者的劳动报酬且数额累计在三万元至十万元以上的	2013-01-23

二十、未成年人用工

文号	标题	内容摘要	执行时间
中华人民共和国主席令第57号	中华人民共和国未成年人保护法	违反本法第六十一条规定的，由文化和旅游、人力资源和社会保障、市场监督管理等部门按照职责分工责令限期改正，给予警告，没收违法所得，可以并处十万元以下罚款；拒不改正或者情节严重的，责令停产停业或者吊销营业执照、吊销相关许可证，并处十万元以上一百万元以下罚款	2021-06-01

续表

文号	标题	内容摘要	执行时间
中华人民共和国国务院令第364号	禁止使用童工规定	●用人单位使用童工的，由劳动保障行政部门按照每使用一名童工每月处5000元罚款的标准给予处罚；在使用有毒物品的作业场所使用童工的，按照《使用有毒物品作业场所劳动保护条例》规定的罚款幅度，或者按照每使用一名童工每月处5000元罚款的标准，从重处罚。 ●单位或者个人为不满16周岁的未成年人介绍就业的，由劳动保障行政部门按照每介绍一人处5000元罚款的标准给予处罚；职业中介机构为不满16周岁的未成年人介绍就业的，并由劳动保障行政部门吊销其职业介绍许可证。 ●用人单位未按照本规定第四条的规定保存录用登记材料，或者伪造录用登记材料的，由劳动保障行政部门处1万元的罚款	2002-12-01

二十一、申办《居住证》、代办积分过程中提供虚假材料

文号	标题	内容摘要	执行时间
上海市人民政府令第58号	上海市居住证管理办法	●个人伪造、变造或者使用伪造、变造证明材料的，由公安部门按照国家有关规定处罚，有关失信信息纳入本市公共信用信息服务平台；情节严重的，3年内不得申请积分；构成犯罪的，依法追究刑事责任。 ●单位伪造、变造或者使用伪造、变造证明材料的，由人力资源社会保障部门处3万元以上5万元以下罚款，有关失信信息纳入本市公共信用信息服务平台；情节严重的，3年内不得代办积分申请。对单位直接负责的主管人员和其他直接责任人员，由公安部门按照国家有关规定处罚；构成犯罪的，依法追究刑事责任	2018-01-01

二十二、传染病防治

文号	标题	内容摘要	执行时间
上海市人民政府令第60号	上海市传染病防治管理办法	●从事早教、儿童看护、护工、产后护理、家政等工作的人员，健康状况应当符合岗位要求。依法需要取得健康证明的，按照有关法律、法规、规章的规定执行。 ●用人单位录用从事前款规定工作的人员时，应当查验其健康状况，并在录用后定期组织健康检查。劳务中介企业在介绍从事前款规定工作的人员时，应当查验其健康状况。 ●从事第一款规定工作的人员出现健康状况不符合岗位要求情形的，应当主动告知所在单位，所在单位在其治愈前，不得安排其从事原岗位工作。 ●用人单位、劳务中介企业违反本办法第十五条第二款规定，未履行查验健康状况义务的，由卫生计生部门责令改正，处以500元以上5000元以下罚款；情节严重的，处以5000元以上2万元以下罚款	2018-01-01

二十三、重大劳动保障违法行为社会公布办法

条文主旨	内容摘要		
社会公布的重点和热点问题	人力资源社会保障行政部门对下列已经依法查处并作出处理决定的重大劳动保障违法行为，应当向社会公布： 1.克扣、无故拖欠劳动者劳动报酬，数额较大的；拒不支付劳动报酬，依法移送司法机关追究刑事责任的； 2.不依法参加社会保险或者不依法缴纳社会保险费，情节严重的； 3.违反工作时间和休息休假规定，情节严重的； 4.违反女职工和未成年工特殊劳动保护规定，情节严重的； 5.违反禁止使用童工规定的； 6.因劳动保障违法行为造成严重不良社会影响的； 7.其他重大劳动保障违法行为		
社会公布的方式	重大劳动保障违法行为应当在人力资源社会保障行政部门门户网站公布，并在本行政区域主要报刊、电视等媒体予以公布		
后续措施	人力资源社会保障行政部门应当将重大劳动保障违法行为及其社会公布情况记入用人单位劳动保障守法诚信档案，纳入人力资源社会保障信用体系，并与其他部门和社会组织依法依规实施信息共享和联合惩戒		
规定文件	重大劳动保障违法行为社会公布办法（人力资源和社会保障部令第29号）	执行时间	2017-01-01

二十四、企业劳动保障守法诚信等级评价办法

条文主旨	内　容　摘　要		
组织实施和评价频次	县级以上地方人力资源社会保障行政部门按照劳动保障监察管辖范围负责企业劳动保障守法诚信等级评价工作，由劳动保障监察机构负责组织实施，每年开展一次评价		
评价依据	企业劳动保障守法诚信等级评价主要依据日常巡视检查、书面材料审查、举报投诉查处以及专项检查等劳动保障监察和其他有关工作中取得的企业上一年度信用记录进行		
评价内容	人力资源社会保障行政部门根据下列情况对企业劳动保障守法诚信等级进行评价： 1.制定内部劳动保障规章制度的情况； 2.与劳动者订立劳动合同的情况； 3.遵守劳务派遣规定的情况； 4.遵守禁止使用童工规定的情况； 5.遵守女职工和未成年工特殊劳动保护规定的情况； 6.遵守工作时间和休息休假规定的情况； 7.支付劳动者工资和执行最低工资标准的情况； 8.参加各项社会保险和缴纳社会保险费的情况； 9.其他遵守劳动保障法律、法规和规章的情况		
等级划分	企业劳动保障守法诚信等级划分为A、B、C三级： 一、企业遵守劳动保障法律、法规和规章，未因劳动保障违法行为被查处的，评为A级。 二、企业因劳动保障违法行为被查处，但不属于C级所列情形的，评为B级。 三、企业存在下列情形之一的，评为C级。 1.因劳动保障违法行为被查处三次以上(含三次)的； 2.因劳动保障违法行为引发群体性事件、极端事件或造成严重不良社会影响的； 3.因使用童工、强迫劳动等严重劳动保障违法行为被查处的； 4.拒不履行劳动保障监察限期整改指令、行政处理决定或者行政处罚决定的； 5.无理抗拒、阻挠人力资源社会保障行政部门实施劳动保障监察的； 6.因劳动保障违法行为被追究刑事责任的		
法定告知和存档年限	●作出劳动保障守法诚信等级评价的人力资源社会保障行政部门可以适当方式将评价结果告知企业。 ●劳动保障守法诚信等级评价结果应归入企业劳动保障守法诚信档案，至少保留3年		
规定文件	人力资源社会保障部关于印发《企业劳动保障守法诚信等级评价办法》的通知(人社部规〔2016〕1号)	执行时间	2017-01-01

第二十三章　劳动争议调解仲裁

一、企业劳动争议协商调解规定

条文主旨	内　容　摘　要
劳动争议协　　商	发生劳动争议，劳动者可以与用人单位协商，也可以请工会或者第三方共同与用人单位协商，达成和解协议
劳动争议调　　解	发生劳动争议，当事人不愿协商、协商不成或者达成和解协议后不履行的，可以向调解组织申请调解
企业劳动争议调解委员会组建原则	●企业劳动争议调解委员会由职工代表和企业代表组成。职工代表由工会成员担任或者由全体职工推举产生，企业代表由企业负责人指定。企业劳动争议调解委员会主任由工会成员或者双方推举的人员担任。人数由双方协商确定，双方人数应当对等。 ●大中型企业应当依法设立调解委员会，并配备专职或者兼职工作人员。小微型企业可以设立调解委员会，也可以由劳动者和企业共同推举人员，开展调解工作。 ●调解员应当公道正派、联系群众、热心调解工作，具有一定劳动保障法律政策知识和沟通协调能力。调解员由调解委员会聘任的本企业工作人员担任，调解委员会成员均为调解员。 ●调解员依法履行调解职责，需要占用生产或者工作时间的，企业应当予以支持，并按照正常出勤对待
协商、调解劳动争议原则	●协商、调解劳动争议，应当根据事实和有关法律法规的规定，遵循平等、自愿、合法、公正、及时的原则。 ●发生劳动争议，当事人可以口头或者书面形式向调解委员会提出调解申请。申请内容应当包括申请人基本情况、调解请求、事实与理由。口头申请的，调解委员会应当当场记录。 ●经调解达成协议的，应当制作调解协议书。调解协议书由双方当事人签名或者盖章，经调解员签名并加盖调解组织印章后生效。生效的调解协议对双方当事人具有约束力，当事人应当履行。 ●双方当事人可以自调解协议生效之日起 15 日内共同向仲裁委员会提出仲裁审查申请。仲裁委员会受理后，应当对调解协议进行审查，并根据《劳动人事争议仲裁办案规则》第五十四条的规定，对程序和内容合法有效的调解协议，出具调解书。 ●自劳动争议调解组织收到调解申请之日起 15 日内未达成调解协议的，当事人可以依法申请仲裁

续表

条文主旨	内　容　摘　要		
法律责任	●企业未按照本规定成立调解委员会，劳动争议或者群体性事件频发，影响劳动关系和谐，造成重大社会影响的，由县级以上人力资源和社会保障行政部门予以通报；违反法律法规规定的，依法予以处理。 ●调解员在调解过程中存在严重失职或者违法违纪行为，侵害当事人合法权益的，调解委员会应当予以解聘		
规定文件	中华人民共和国劳动争议调解仲裁法（中华人民共和国主席令第 80 号）	执行时间	2008-05-01
	企业劳动争议协商调解规定（中华人民共和国人力资源和社会保障部令第 17 号）		2012-01-01

二、劳动争议仲裁管辖

条文主旨	内　容　摘　要
劳动争议仲裁管辖一般原则	劳动争议由劳动合同履行地或者用人单位所在地的劳动人事争议仲裁委员会管辖。当事人分别向劳动合同履行地和用人单位所在地的劳动人事争议仲裁委员会申请仲裁的，由劳动合同履行地的劳动人事争议仲裁委员会管辖
市劳动人事争议仲裁委员会管辖范围	市劳动人事争议仲裁委员会管辖下列劳动人事争议： 1.根据《中华人民共和国外资企业法》规定，在本市注册设立的注册资金在壹仟万美元以上或者相当于壹仟万美元以上的外资企业和劳动者发生的劳动争议； 2.根据《中华人民共和国外资企业法实施细则》规定，参照执行的香港、澳门、台湾地区的公司、企业和其他经济组织或者个人或在国外居住的中国公民在大陆设立全部资本为其所有的，在本市注册设立的注册资金在壹仟万美元以上或者相当于壹仟万美元以上的企业和劳动者发生的劳动争议； 3.经市人民政府及其有关主管部门批准成立的事业单位和中央、外省市在本市的事业单位发生的人事及劳动争议； 4.驻沪军级以上军队聘用单位与文职人员发生的人事争议； 5.取得合法就业资格的外籍人员、台港澳人员和定居国外人员与所在单位发生的劳动人事争议； 6.本市范围内有重大影响的劳动争议案件
区劳动人事争议仲裁委员会管辖范围	区劳动人事争议仲裁委员会管辖下列劳动人事争议： 1.市劳动人事争议仲裁委员会管辖范围以外的，用人单位所在地或者劳动合同履行地在本行政区域内的劳动争议； 2.经区人民政府及其有关主管部门批准成立的事业单位发生的人事及劳动争议； 3.驻沪师级以下军队聘用单位与文职人员发生的人事争议
规定文件	上海市人力资源和社会保障局沪人社规〔2018〕39 号

三、劳动争议仲裁的申请和裁决

条文主旨	内　容　摘　要
劳动争议仲裁申请	●劳动争议申请仲裁的时效期间为一年。仲裁时效期间从当事人知道或者应当知道其权利被侵害之日起计算。 ●劳动关系存续期间因拖欠劳动报酬发生争议的,劳动者申请仲裁不受前款规定的仲裁时效期间的限制;但是,劳动关系终止的,应当自劳动关系终止之日起一年内提出
劳动争议仲裁裁决	●下列劳动争议,除本法另有规定的外,仲裁裁决为终局裁决,裁决书自作出之日起发生法律效力: 1.追索劳动报酬、工伤医疗费、经济补偿或者赔偿金,不超过当地月最低工资标准十二个月金额的争议; 2.因执行国家的劳动标准在工作时间、休息休假、社会保险等方面发生的争议。 ●劳动者对上述1、2项规定的仲裁裁决不服的,可以自收到仲裁裁决书之日起十五日内向人民法院提起诉讼。 ●当事人对除上述1、2项规定以外的其他劳动争议案件的仲裁裁决不服的,可以自收到仲裁裁决书之日起十五日内向人民法院提起诉讼;期满不起诉的,裁决书发生法律效力
规定文件	中华人民共和国劳动争议调解仲裁法、关于劳动人事争议仲裁与诉讼衔接有关问题的意见(一)(人社部发〔2022〕9号)

四、劳动争议的举证责任

条文主旨	内　容　摘　要
举证责任一般原则	●发生劳动争议,当事人对自己提出的主张,有责任提供证据。与争议事项有关的证据属于用人单位掌握管理的,用人单位应当提供;用人单位不提供的,应当承担不利后果。 ●在法律没有具体规定,无法确定举证责任承担时,仲裁庭可以根据公平原则和诚实信用原则,综合当事人举证能力等因素确定举证责任的承担
解除劳动合同等的举证责任	因用人单位作出的开除、除名、辞退、解除劳动合同、减少劳动报酬、计算劳动者工作年限等决定而发生的劳动争议,用人单位负举证责任
加班费的举证责任	劳动者主张加班费的,应当就加班事实的存在承担举证责任。但劳动者有证据证明用人单位掌握加班事实存在的证据,用人单位不提供的,由用人单位承担不利后果
规定文件	中华人民共和国劳动争议调解仲裁法、劳动人事争议仲裁办案规则(人社部令第33号)、最高人民法院法释〔2020〕26号

第二十四章　劳动关系群体性纠纷

一、劳动关系群体性纠纷中各方的职责

条文主旨	内　容　摘　要
防范、处置劳动关系群体性事件的政府职责	●完善劳动关系群体性事件预防和应急处置机制。 ●加强对劳动关系形势的分析研判，建立劳动关系群体性纠纷的经常性排查和动态监测预警制度，及时发现和积极解决劳动关系领域的苗头性、倾向性问题，有效防范群体性事件。完善应急预案，明确分级响应、处置程序和处置措施。 ●健全党委领导下的政府负责，有关部门和工会、企业代表组织共同参与的群体性事件应急联动处置机制，形成快速反应和处置工作合力，督促指导企业落实主体责任，及时妥善处置群体性事件
人力资源和社会保障行政部门的职责	●对因违反劳动保障法律、法规或者规章的行为引起的群体性事件，劳动保障行政部门应当根据应急预案，迅速会同有关部门处理。 ●人力资源和社会保障行政部门应当指导企业开展劳动争议预防调解工作，具体履行下列职责： 1.指导企业遵守劳动保障法律、法规和政策； 2.督促企业建立劳动争议预防预警机制； 3.协调工会、企业代表组织建立企业重大集体性劳动争议应急调解协调机制，共同推动企业劳动争议预防调解工作； 4.检查辖区内调解委员会的组织建设、制度建设和队伍建设情况
企业行政的职责	●企业应当依法执行职工大会、职工代表大会、厂务公开等民主管理制度，建立集体协商、集体合同制度，维护劳动关系和谐稳定。 ●企业应当建立劳资双方沟通对话机制，畅通劳动者利益诉求表达渠道。 ●企业应当加强对劳动者的人文关怀，关心劳动者的诉求，关注劳动者的心理健康，引导劳动者理性维权，预防劳动争议发生
企业工会的职责	企业、事业单位发生停工、怠工事件，工会应当代表职工同企业、事业单位或者有关方面协商，反映职工的意见和要求并提出解决意见。对于职工的合理要求，企业、事业单位应当予以解决。工会协助企业、事业单位做好工作，尽快恢复生产、工作秩序
劳动者的职责	●发生劳动争议的劳动者一方在十人以上，并有共同请求的，可以推举代表参加调解、仲裁或者诉讼活动。 ●在进行集体协商期间，企业及其职工应当维护本企业正常的生产、工作秩序，不得采取任何影响生产、工作秩序或者社会稳定的行为

续表

条文主旨	内　容　摘　要
规定文件	中共中央 国务院关于构建和谐劳动关系的意见(中发〔2015〕10号)、劳动争议调解仲裁法(中华人民共和国主席令第80号)、企业劳动争议协商调解规定(中华人民共和国人力资源和社会保障部令第17号)、劳动保障监察条例(中华人民共和国国务院令第423号)、工会法(第七届全国人民代表大会第五次会议通过)、上海市集体合同条例(上海市第十四届人民代表大会常务委员会第二十一次会议修正)

二、可能引发劳动关系群体性纠纷的几种情形

条文主旨	内　容　摘　要
企业破产	用人单位被依法宣告破产的
企业被吊销营业执照、关闭、撤销或提前解散	●用人单位被吊销营业执照、责令关闭、撤销或者用人单位决定提前解散的。 ●公司因下列原因解散： 1.公司章程规定的营业期限届满或者公司章程规定的其他解散事由出现； 2.股东会或者股东大会决议解散； 3.因公司合并或者分立需要解散； 4.依法被吊销营业执照、责令关闭或者被撤销； 5.人民法院依照《公司法》第一百八十二条的规定予以解散。 ●公司经营管理发生严重困难，继续存续会使股东利益受到重大损失，通过其他途径不能解决的，持有公司全部股东表决权百分之十以上的股东，可以请求人民法院解散公司
企业合并或者分立	●用人单位发生合并或者分立等情况的。 ●用人单位发生分立或合并后，分立或合并后的用人单位可依据其实际情况与原用人单位的劳动者遵循平等自愿、协商一致的原则变更、解除或重新签订劳动合同
经济性裁员	有下列情形之一，需要裁减人员二十人以上或者裁减不足二十人但占企业职工总数百分之十以上的，用人单位提前三十日向工会或者全体职工说明情况，听取工会或者职工的意见后，裁减人员方案经向劳动行政部门报告，可以裁减人员： 1.依照企业破产法规定进行重整的； 2.生产经营发生严重困难的； 3.企业转产、重大技术革新或者经营方式调整，经变更劳动合同后，仍需裁减人员的； 4.其他因劳动合同订立时所依据的客观经济情况发生重大变化，致使劳动合同无法履行的 (注：对采取有效措施不裁员、少裁员，稳定就业岗位的企业，将给予稳定岗位补贴。详细内容见本书第188页)

续表

条文主旨	内　容　摘　要		
企业破产	用人单位被依法宣告破产的		
企业客观情况发生重大变化	● 劳动合同订立时所依据的客观情况发生重大变化，致使劳动合同无法履行，经用人单位与劳动者协商，未能就变更劳动合同内容达成协议的。 ●《劳动法》第二十六条第（三）款中的“客观情况”指：发生不可抗力或出现致使劳动合同全部或部分条款无法履行的其他情况，如企业迁移、被兼并、企业资产转移等		
未及时足额支付劳动者工资	用人单位未按照劳动合同的约定或者国家规定及时足额支付劳动者劳动报酬的		
其他情况	●用人单位变更名称、法定代表人、主要负责人或者投资人等事项的。 ●用人单位直接涉及劳动者切身利益的规章制度违反法律、法规规定的		
规定文件	中华人民共和国劳动合同法（中华人民共和国主席令第65号）	执行时间	2008-01-01 2012-12-28 修正
	中华人民共和国公司法（中华人民共和国主席令第42号）		2006-01-01
	劳动部关于贯彻执行《劳动法》若干问题的意见（劳部发〔1995〕309号）		1995-08-04
	劳动部办公厅关于《劳动法》若干条文的说明（劳办发〔1994〕289号）		1994-09-05

三、扰乱秩序的相关处罚

条文主旨	内　容　摘　要		
治安管理处　　罚	扰乱机关、团体、企业、事业单位秩序，致使工作、生产、营业、医疗、教学、科研不能正常进行，尚未造成严重损失的，处警告或者二百元以下罚款；情节较重的，处五日以上十日以下拘留，可以并处五百元以下罚款		
刑事处罚	●有下列寻衅滋事行为之一，破坏社会秩序的，处五年以下有期徒刑、拘役或者管制： 1.随意殴打他人，情节恶劣的； 2.追逐、拦截、辱骂、恐吓他人，情节恶劣的； 3.强拿硬要或者任意损毁、占用公私财物，情节严重的； 4.在公共场所起哄闹事，造成公共场所秩序严重混乱的。 ●纠集他人多次实施前款行为，严重破坏社会秩序的，处五年以上十年以下有期徒刑，可以并处罚金		
规定文件	中华人民共和国治安管理处罚法（第十届全国人民代表大会常务委员会第十七次会议通过）	执行时间	2006-03-01
	中华人民共和国刑法修正案（八）（第十一届全国人民代表大会常务委员会第十九次会议通过）		2011-05-01

第四部分　民主管理

第二十五章　工　　会

一、工会组织

文　号	标　题	内　容　摘　要	执行时间
中华人民共和国主席令第107号	中华人民共和国工会法	●企业、事业单位、机关有会员二十五人以上的，应当建立基层工会委员会；不足二十五人的，可以单独建立基层工会委员会，也可以由两个以上单位的会员联合建立基层工会委员会，也可以选举组织员一人，组织会员开展活动。 ●基层工会委员会每届任期三年或者五年。 ●基层工会委员会定期召开会员大会或者会员代表大会，讨论决定工会工作的重大问题。经基层工会委员会或者三分之一以上的工会会员提议，可以临时召开会员大会或者会员代表大会。 ●基层工会专职主席、副主席或者委员自任职之日起，其劳动合同期限自动延长，延长期限相当于其任职期间；非专职主席、副主席或者委员自任职之日起，其尚未履行的劳动合同期限短于任期的，劳动合同期限自动延长至任期期满。但是，任职期间个人严重过失或者达到法定退休年龄的除外	1992-04-03 2001-10-27 第一次修正 2009-08-27 第二次修正 2021-12-24 第三次修正
上海市人大常委会公告第23号	上海市工会条例	各级工会建立女职工委员会，女会员不足十人的设女职工委员	1995-05-01 2022-05-24 第四次修正

续表

发文来源	标题	内容摘要	执行时间
上海市第十届人民代表大会常务委员会第十六次会议通过	上海市工会条例	工会主席、副主席、委员任期未满的，不得随意调动其工会工作岗位或者劳动合同约定的岗位，因工作需要调动的，应当事先征得本级工会委员会的同意；工会主席、副主席的调动以及经费审查委员会主任的任免，还应当征得上一级工会的同意	1995-05-01 2022-05-24 第四次修正

二、工会经费

发文来源	标题	内容摘要	执行时间
上海市第十届人民代表大会常务委员会第十六次会议通过	上海市工会条例	建立工会的企业、事业单位、机关应当于每月十五日前按照上月全部职工工资总额的百分之二向工会拨缴当月的工会经费。工资总额按国家统计局的规定计算。成立工会筹备组织的企业、事业单位、机关，应当自成立工会筹备组织之日起按前款规定向工会拨缴工会经费	1995-05-01 2022-05-24 第四次修正

三、工会会费

文号	标题	内容摘要	执行时间
中华全国总工会工发〔1978〕101号	关于收交工会会费的通知	工会会员每月应向工会组织交纳本人每月工资收入百分之零点五的会费，工资尾数不足十元的不计交会费	1978-11-13

四、工会主席

文号	标题	内容摘要	执行时间
中华全国总工会总工发〔2008〕51号	企业工会主席产生办法（试行）	●企业行政负责人（含行政副职）、合伙人及其近亲属，人力资源部门负责人，外籍职工不得作为本企业工会主席候选人。 ●企业工会主席一般应按企业副职级管理人员条件选配并享受相应待遇。 ●企业应依法保障兼职工会主席的工作时间及相应待遇。 ●罢免、撤换企业工会主席须经会员大会全体会员或者会员代表大会全体代表无记名投票过半数通过	2008-07-25

五、非公有制企业兼职工会主席履职津贴

文　号	标　题	内　容　摘　要	执行时间
上海市总工会沪工总基〔2017〕173号	上海市总工会关于非公有制企业兼职工会主席履职津贴实施办法（试行）	●实施主体 1.街镇（开发区）总工会，是面向非公企业工会实施工作任务布置及目标责任考核评估的主体，也是兼职工会主席履职津贴发放的主体。 2.直属区总的非公企业兼职工会主席履职津贴，由区总工会实施考核和发放。 ●发放对象 在岗在职、非公编制且经考核评估符合条件的以下对象： 1.合资企业中非公资本控股企业、私营企业、港澳台商投资企业、外商投资企业以及社会组织等单独工会中的兼职主席； 2.联合工会和地区（行业）工会联合会中的兼职主席。 ●经费来源 履职津贴资金来源包括： 1.非公企业上缴的工会经费； 2.政府和企业行政补助以及其他捐助； 3.上级工会补贴资金。 ●考核评估和档次 参照非公企业工会组织职工、服务职工、协商协调、沟通报告等四项基本职责，具体考核评估办法由相关单位结合地区实际，参照职工之家考核评估体系确定档次和考核评估办法。 ●津贴参考标准 原则上按50～500元/月标准发放。相关单位可根据非公企业工会经费上缴、考核档次、工会组织和会员规模等情况制定具体发放标准	2017-05-18

六、规范基层工会经费收支管理

<table>
<tr><th colspan="3">条文主旨</th><th>内　容　摘　要</th></tr>
<tr><td colspan="3">基本原则</td><td>遵纪守法、经费独立、预算管理、服务职工、勤俭节约、民主管理</td></tr>
<tr><td colspan="3">工会经费收入</td><td>●会费：工会会员按本人工资收入的5‰向所在基层工会缴纳的会费。
●拨缴经费：建立工会组织的单位按全部职工工资总额2%依法向工会拨缴的经费中的留成部分。
●上级工会补助：上级工会拨付的各类补助款项。
●行政补助：所在单位依法对工会组织给予的各项经费补助。
●事业收入、投资收益及其他</td></tr>
<tr><td rowspan="3">工会经费支出</td><td rowspan="3">职工活动</td><td>职工教育</td><td>●举办政治、法律、科技、业务等专题培训和职工技能培训所需的教材资料、教学用品、场地租金等方面的支出。
●支付职工教育活动聘请授课人员的酬金。
●职工素质提升补助和职工教育培训优秀学员的奖励</td></tr>
<tr><td>文体活动</td><td>●开展或参加上级工会组织的职工业余文体活动所需器材、服装、用品等购置、租赁与维修方面支出以及活动场地、交通工具的租金支出等。确需为参赛者购置服装的，每人每三年不超过1000元。
●文体活动优胜者的奖励支出。奖励范围不得超过参与人数或团队的2/3，个人项目单项最高奖品(或奖金)不超过800元，团体项目人均不超过500元；不设置奖项的，可发放纪念品或参与奖，人均不超过100元。
●文体活动中必要的伙食补助费，每人每餐标准不超过50元。全天活动的不得超过《上海市市级机关差旅费管理办法》规定的标准，不得发放现金。
●聘请教练、裁判、评委等非本单位工作人员(机关事业单位除外)，劳务费发放标准根据各单位实际，经民主程序确定。
●本单位工作人员非工作日组织活动，可按每人每天不超过100元发放劳务费(机关事业单位除外)，工作日组织活动不得发放劳务费。
●组织会员观看电影、文艺演出和体育比赛等，开展春游秋游(当日往返，不得到有关部门明令禁止的风景名胜区)，为会员购买本市公园月票、年票。不能统一组织的，可发放同等价值观摩凭证。开支范围包括租车费、餐费、门票、活动用品等，费用标准不得超过每人每天200元</td></tr>
<tr><td>宣传活动</td><td>●开展重点工作、重大主题和重大节日宣传活动所需的材料消耗、场地租金、购买服务等方面的支出。
●培育和践行社会主义核心价值观，弘扬劳模精神和工匠精神等经常性宣传活动方面的支出。
●开展或参加上级工会举办的知识竞赛、宣讲、演讲比赛、展览等宣传活动支出</td></tr>
</table>

续表

<table>
<tr><th colspan="3">条文主旨</th><th colspan="3">内容摘要</th></tr>
<tr><td rowspan="6">工会经费支出</td><td>职工活动</td><td>集体福利</td><td colspan="3">●逢年过节(指国家规定的法定节日)可向全体会员发放节日慰问品,慰问品为符合中国传统节日习惯的用品和职工群众必需的生活用品等,可以为实物或指定地点限时领取确定物品的提货凭证,需本人签收,不可发放现金、购物卡等。年度发放总金额不得超过基层工会当年度留成经费的50%。
●工会会员生日当月可给予慰问,每人每年不超过300元标准,可发放生日蛋糕等实物,也可发放指定蛋糕店的蛋糕券。
●工会会员结婚、生育头胎时,可进行实物慰问,每人不超过800元,生育二胎的不超过1000元。
●工会会员生病住院,普通疾病慰问金每人每次不超过1000元,大病不超过2000元,一次住院限慰问一次;会员去世,慰问金不超过3000元;会员直系亲属去世,慰问金不超过1000元。生病住院、去世慰问另可购不超过200元的实物。
●工会会员退休离岗,可以座谈会等形式欢送,并可发放不超过1000元的纪念品</td></tr>
<tr><td colspan="2">维权支出</td><td colspan="3">用于维护职工权益的支出,包括:劳动关系协调费、劳动保护费、法律援助费、困难职工帮扶费、送温暖费和其他维权支出</td></tr>
<tr><td colspan="2">业务支出</td><td colspan="3">用于基层工会培训工会干部、加强自身建设以及开展业务工作发生的各项支出,包括培训费、会议费、专项业务费及其他业务支出。其中,有条件的基层工会(机关事业单位和国有企业除外)可根据工作实绩,对兼职工会干部发放兼职补贴,标准经相关民主程序制定,原则上不超过每人每月300元;经本单位党政认可和上级工会批准,可开展评选表彰优秀工会干部和积极分子,优秀工会干部人数应控制在单位工会干部人数的10%以内,奖励标准每人每年不超过800元;工会积极分子控制在单位会员数5%以内,奖励标准每人每年不超过500元(机关事业单位除外)</td></tr>
<tr><td colspan="2">资本性支出</td><td colspan="3">用于从事工会建设工程、设备工具购置、大型修缮和信息网络购建而发生的支出</td></tr>
<tr><td colspan="2">事业支出</td><td colspan="3">用于对独立核算的附属事业单位的补助和非独立核算的附属事业单位的各项支出</td></tr>
<tr><td colspan="2">其他支出</td><td colspan="3">基层工会除上述支出以外的其他各项支出,包括:资产盘亏、固定资产处置净损失、捐赠、赞助等</td></tr>
<tr><td colspan="3">规定文件</td><td>上海基层工会经费收支管理实施办法(沪工总财〔2018〕96号)</td><td>执行时间</td><td>2018-04-18</td></tr>
</table>

七、非公有制企业工会经费收支管理

条文主旨	内 容 摘 要
基本原则	遵纪守法、服务职工、民主管理、经费独立
工会经费收 入	●会费:工会会员按本人工资收入的5‰向所在非公企业工会缴纳的会费。 ●拨缴经费:建立工会组织的单位按全部职工工资总额2%依法向工会拨缴的经费中的60%留成部分。 ●上级工会补助:上级工会拨付的各类补助款项。 ●行政补助:所在单位依法对工会组织给予的各项经费补助。 ●投资收益及其他
工会经费支 出	非公企业工会经费支出范围包括:职工活动支出、维权支出、业务支出、资本性支出和其他支出。应根据本单位实际,细化支出范围,明确开支标准,确定审批权限,经会员大会或会员代表大会等民主程序通过后执行。 1.职工活动支出:非公企业工会组织开展职工教育、文体、宣传等活动所发生的支出和工会组织的职工集体福利支出。 2.维权支出:非公企业工会用于维护职工权益的支出。包括:劳动关系协调费、劳动保护费、法律援助费、困难职工帮扶费、送温暖费和其他维权支出等会员普惠服务。 3.业务支出:非公企业工会培训工会干部、加强自身建设以及开展业务工作发生的各项支出。包括:培训费、会议费、专项业务费和其他业务支出。 4.资本性支出:非公企业工会从事工会建设工程、设备工具购置、大型修缮和信息网络构建而发生的支出。 5.其他支出:非公企业工会除上述支出以外的其他各项支出。包括:资产盘亏、固定资产处置净损失、捐赠、赞助等
财务管理	●非公企业工会主席对非公企业工会会计工作和会计资料的真实性、完整性负责。 非公企业工会应按照《工会预算管理办法》规定,依法、真实、完整、合理地编制工会经费收支年度预算,经本级经费审查委员会、工会委员会批准后报上级工会审批或备案;进行会计核算并按规定编制财务报表,定期向工会委员会和经费审查委员会报告预算执行情况;应加强财务管理制度建设,健全完善财务报销、资产管理、资金使用等内控管理制度,按规定发放的现金和实物应实名规范签收。 ●非公企业工会各项收支实行工会委员会集体领导下的主席负责制,重大收支须集体研究决定。 ●非公企业工会应根据自身实际设置会计机构、合理配备会计人员

续表

<table>
<tr><th>条文主旨</th><th colspan="3">内　容　摘　要</th></tr>
<tr><td>检查监督</td><td colspan="3">非公企业工会应严格执行以下规定：
1.不准使用工会经费请客送礼；
2.不准违反工会经费使用规定，滥发奖金、津贴、补贴；
3.不准使用工会经费从事高消费性娱乐和健身活动；
4.不准单位行政利用工会账户，违规设立“小金库”；
5.不准将工会账户并入单位行政账户，使工会经费开支失去控制；
6.不准截留、挪用工会经费；
7.不准用工会经费参与非法集资活动，或为非法集资活动提供经济担保；
8.不准用工会经费报销与工会活动无关的费用；
9.不准违反国家法律法规的有关规定</td></tr>
<tr><td>其 他</td><td colspan="3">《上海基层工会经费收支管理实施办法》（沪工总财〔2018〕96号）中具体支出范围和标准不再适用本市非公企业工会</td></tr>
<tr><td>规定文件</td><td>上海市总工会关于印发《上海非公有制企业工会经费收支管理实施办法》的通知（沪工总财〔2019〕242 号）</td><td>执行时间</td><td>2020-01-01</td></tr>
</table>

第二十六章　职工代表大会

一、职工代表大会制度建立

文　号	标　题	内　容　摘　要	执行时间
上海市人民代表大会常务委员会公告第57号	上海市职工代表大会条例	●企事业单位应当建立职工代表大会制度。 ●职工人数在一百人以上的企事业单位应当召开职工代表大会；职工人数不足一百人的企事业单位一般召开职工大会。 ●选举职工代表一般以分公司、分院(校)、部门、班组、科室等为选区。选举应当有选区全体职工三分之二以上参加，候选人获得选区全体职工半数以上赞成票方可当选。选举结果应当公布	2011-05-01 2017-11-23 修正

二、职工代表大会代表和议事规则

文号	标题	内容摘要	执行时间
上海市人民代表大会常务委员会公告第57号	上海市职工代表大会条例	●职工代表的构成应当以一线职工为主体,中、高层管理人员不超过百分之二十,但跨地区、跨行业的大型集团型企业的比例可以适当提高。女职工代表比例一般与本单位女职工人数所占比例相适应。 ●企事业单位职工代表大会的职工代表名额,按照下列规定确定: 1.职工人数在一百人至三千人的,职工代表名额以三十名为基数,职工人数每增加一百人,职工代表名额增加不得少于五名; 2.职工人数在三千人以上的,职工代表名额不得少于一百七十五名; 3.职工人数不足一百人,实行职工代表大会制度的,职工代表名额不得少于三十名。 ●职工代表大会每届任期为三年至五年。职工代表大会因故需要延期换届的,延期时间不得超过一年。 ●职工代表大会每年至少召开一次会议。企事业单位、工会或者三分之一以上职工代表提议,可以召开职工代表大会。 ● 职工代表大会选举产生的主席团主持会议,处理大会期间有关重大问题。职工代表人数在三十人至一百人的,主席团可以设三至五人;职工代表人数在一百人以上的,主席团人数不得少于七人。主席团成员中,一线职工代表的比例不得少于百分之五十。职工人数在三十人以下的,可以选举大会执行主席一人,主持召开职工大会	2011-05-01 2017-11-23 修正

续表

文号	标题	内容摘要	执行时间
上海市人民代表大会常务委员会公告第57号	上海市职工代表大会条例	●职工代表大会须有全体职工代表三分之二以上出席，方可召开。 ●职工代表大会审议通过事项，应采取无记名投票方式，并须获得全体职工代表半数以上赞成票方可通过。 ●区域性、行业性职工代表大会的职工代表总数不得少于三十人，其中企业经营管理者不得超过百分之三十，一线职工不得少于百分之五十	2011-05-01 2017-11-23修正
上海市总工会、上海市人力资源和社会保障局、上海市企业联合会/上海市企业家协会、上海市工商业联合会沪工总民〔2011〕71号	关于实施《上海市职工代表大会条例》若干问题的意见	●职工代表的构成应当以一线职工为主体，且不低于百分之五十。企事业单位中直接从事生产服务、专业技术等基础性工作的职工视作一线职工。 ●职工代表的构成中，中、高层管理人员不超过百分之二十。跨地区、跨行业的大型集团型企业的比例可以适当提高，但不得超过百分之四十。 ●关于职工代表的撤免 《上海市职工代表大会条例》规定的职工代表因无故不履行或者无法履行代表职责需要被撤免的情形包括： 1.职工代表退休、辞职、内退、协保等原因离开本单位或工作岗位的； 2.职工代表因病假、待岗等原因难以履行代表职责的； 3.职工代表严重失职失去选区内职工信任的； 4.职工代表严重违反本单位规章制度的或因违法犯罪受到刑事处罚的； 5.本人提出辞去职工代表的； 6.职工代表因工作变动调离原选区的	2011-04-12

三、职工代表大会职权

文号	标题	内容摘要	执行时间
上海市人民代表大会常务委员会公告第57号	上海市职工代表大会条例	●下列事项应当向职工代表大会报告，接受职工代表大会审议，并通过职工代表大会听取职工的意见和建议： 1.企事业单位的发展规划，年度经营管理情况和重要决策； 2.企事业单位制订、修改、决定直接涉及职工切身利益的规章制度或者重大事项，以及改革改制中职工分流安置、经济补偿等劳动关系变更的方案； 3.工会与企业就职工工资调整、经济性裁员、群体性劳动纠纷和生产过程中发现的重大事故隐患或者职业危害等事项进行集体协商的情况； 4.职工代表大会工作机构的工作情况、联席会议协商处理的事项； 5.国有、集体及其控股的企业、事业单位财务预决算等重要事项； 6.法律法规规定或者企事业单位与工会协商确定应当向职工代表大会报告的其他事项。 企事业单位决定改制、合并、分立、搬迁、停产、解散、申请破产等重大问题，应当依照法律的规定，通过职工代表大会审议或者其他形式听取职工的意见和建议。 ●下列事项应当向职工代表大会报告，并由职工代表大会审议通过： 1.涉及劳动报酬、工作时间、休息休假、保险福利等事项的集体合同草案； 2.工资调整机制、女职工权益保护、劳动安全卫生等专项集体合同草案； 3.企事业单位因劳动关系变更方案引发群体性劳动纠纷，依照规定开展集体协商形成的专项集体合同草案； 4.国有、集体及其控股企业的薪酬制度，福利制度，劳动用工管理制度，职工教育培训制度，改革改制中涉及的职工安置方案，以及其他涉及职工切身利益的重要事项； 5.事业单位的职工聘任、考核奖惩办法，收益分配的原则和办法，职工生活福利制度，改革改制中涉及的职工安置方案，以及其他涉及职工切身利益的重要事项； 6.法律法规规定或者企事业单位与工会协商确定应当提交职工代表大会审议通过的其他事项	2011-05-01 2017-11-23 修正

第二十七章　集体协商和集体合同

一、集体协商

条文主旨	内　容　摘　要
集体协商的定义	集体协商，是指企业职工一方与企业就劳动关系有关事项进行平等协商的活动
集体协商代表和首席代表的产生和履职权利	●企业职工一方与企业就劳动关系有关事项进行集体协商，应当按照本条例规定的程序产生各自的协商代表和首席代表。具体人数由双方协商确定，但每方协商代表人数不得少于三人，企业一方的协商代表不得多于职工一方的协商代表。 ●已经建立工会的企业，职工一方的协商代表由本企业工会选派，建立女职工委员会的，应当有女性协商代表。首席代表由工会主要负责人担任。 ●尚未建立工会的企业，职工一方的协商代表由上级工会指导职工民主推荐，并经本企业半数以上职工同意，首席代表由协商代表民主推荐产生。 ●企业一方的协商代表由企业法定代表人指派，首席代表由法定代表人或者其书面委托的人担任。 ●集体协商双方根据实际需要可以聘请本企业以外的专业人员担任本方协商代表，但其人数不得超过本方协商代表人数的三分之一。 ●本企业产生的协商代表在工作时间内参加集体协商，以及在履职期限内利用不超过三个工作日的工作时间，从事搜集与集体协商有关资料等活动，视为提供了正常劳动，工资及各项福利不受影响。职工一方的协商代表在履行代表职责期间，企业无正当理由不得变更其工作岗位
集体协商要约的时效	集体协商双方的任何一方均可以向对方以书面形式提出进行集体协商的建议。另一方在收到集体协商建议书之日起十五日内应当给予书面答复，拒绝集体协商的，应当有正当的理由
集体协商要约的相关事项	●企业在制定、修改或者决定直接涉及职工切身利益的规章制度或者重大事项时，应当与本企业职工一方进行集体协商后确定。企业职工一方可以就涉及职工利益的事项要求企业与其进行集体协商。 ●集体协商的任何一方因下列事项向对方提出集体协商建议的，另一方不得拒绝或者拖延： 1.需要裁减人员二十人以上或者裁减不足二十人但占企业职工总数百分之十以上的； 2.因劳动纠纷导致群体性停工的； 3.生产过程中发现存在重大事故隐患或者职业危害的

续表

条文主旨	内容摘要
工资集体协商的内容和参考因素	●企业应当就职工工资水平、工资调整机制与本企业职工一方进行集体协商。 ●工资集体协商一般包括下列内容： 1.工资分配制度、工资标准、工资分配形式和工资支付办法； 2.职工年度平均工资水平的调整幅度； 3.奖金、津贴、补贴等分配办法； 4.加班工资以及试用期、病假、事假等期间的工资待遇； 5.双方认为应当协商的其他工资事项。 ●工资集体协商可以参考下列因素： 1.企业劳动生产率和经济效益； 2.企业上年度职工工资总额和平均工资水平； 3.企业及行业的人工成本水平； 4.全市及行业的职工平均工资水平； 5.企业工资增长指导线和劳动力市场工资指导价位； 6.最低工资标准； 7.城镇居民消费价格指数； 8.与工资集体协商有关的其他因素
上级工会在集体协商中的作用	●上级工会应当指导职工一方与企业进行集体协商，可以派员观察职工一方与企业的集体协商活动，或者按照本条例第七条的规定受聘担任职工一方的协商代表。 ●尚未建立工会的企业，由上级工会指导职工推举的代表向企业一方提出集体协商；企业一方建议开展集体协商的，可以向本企业职工直接提出，也可以向上级工会提出
争议处理	●本市建立由政府有关部门、工会和企业方面代表组成的劳动关系三方协调机制。 ●职工一方或者企业一方无正当理由拒绝或者拖延另一方的集体协商要求，或者双方在集体协商过程中不能达成一致或者签订集体合同的，职工一方可以提请上级工会、企业一方可以提请企业方面代表进行指导。 ●经指导仍未能达成一致的，集体协商的任何一方可以提请人力资源社会保障部门协调处理。集体协商双方未提请协调处理的，人力资源社会保障部门认为必要时，也可以进行协调处理。 ●人力资源社会保障部门协调处理集体协商争议时，可以会同同级工会或者企业方面代表共同处理
集体协商过程中双方的禁止行为	●企业不得采取下列行为： 1.限制职工一方协商代表的人身自由，或者对其进行侮辱、威胁、恐吓、暴力伤害； 2.拒绝或者阻碍职工进入劳动场所、拒绝提供生产工具或者其他劳动条件； 3.拒绝提供与集体协商议题相关的资料或者提供虚假资料； 4.其他干扰、阻碍集体协商的行为

续表

条文主旨	内容摘要		
集体协商过程中双方的禁止行为	●职工不得采取下列行为： 1.限制企业一方人员的人身自由，或者对其进行侮辱、威胁、恐吓、暴力伤害； 2.违反劳动合同约定，不完成劳动任务，或者以各种方式迫使企业其他员工离开工作岗位； 3.破坏企业设备、工具等扰乱企业正常生产、工作秩序和社会公共秩序的行为； 4.其他干扰、阻碍集体协商的行为		
规定文件	上海市人民代表大会常务委员会关于修改《上海市集体合同条例》的决定（上海市第十四届人民代表大会常务委员会第二十一次会议通过）	执行时间	2008-01-01 2015-06-18 修正

二、集体合同

条文主旨	内容摘要
集体合同的定义	集体合同，是指企业职工一方与企业就劳动关系有关事项，通过集体协商签订的书面协议
集体合同期限	集体合同期限一般为一至三年，工资专项集体合同期限一般为一年
集体合同中劳动报酬和劳动条件等的法定基准	●集体合同约定的劳动条件、劳动报酬等标准不得低于国家和市人民政府规定的最低标准。 ●企业与职工个人签订的劳动合同约定的劳动条件和劳动报酬等标准，或者企业规章制度规定的劳动条件和劳动报酬等标准，不得低于集体合同的规定
行政部门受理审查管辖范围	●市人力资源和社会保障行政部门受理审查范围 1.市属国有企业及其控股的外资企业，以及注册资金1000万美元（或者相当于1000万美元）以上的外商（港澳台）独资企业的集体合同； 2.人力资源和社会保障部根据《集体合同规定》指定由市人力资源和社会保障行政部门审查的集体合同； 3.本市行政区域内，市人力资源和社会保障行政部门认为需要由其审查的其他集体合同。 ●区人力资源和社会保障行政部门受理审查范围 1.各区行政区域内除应由市人力资源和社会保障行政部门审查范围之外的企业的集体合同； 2.各区行政区域内的行业性、区域性集体合同； 3.各区行政区域内的个体经济组织、民办非企业单位的集体合同。 浦东新区人力资源和社会保障行政部门负责审查浦东新区行政区域内除国家特别指定由市人力资源和社会保障行政部门审查之外的各类集体合同

续表

<table>
<tr><th>条文主旨</th><th colspan="3">内　　容　　摘　　要</th></tr>
<tr><td>集体合同报送审查时　　限</td><td colspan="3">●企业集体合同
企业与职工一方签订或者变更集体合同,集体合同草案经职工代表大会(或全体职工)讨论通过后,由职工一方的首席协商代表将讨论通过的情况书面告知企业一方。企业自收到书面告知之日起10日内,负责将集体合同报送人力资源和社会保障行政部门审查。
●行业性和区域性集体合同
行业性集体合同草案经认可该草案的企业全体职工代表半数以上或者全体职工半数以上同意,方获通过。
区域性集体合同草案经本区域职工代表大会,或者认可该草案的企业全体职工代表半数以上或者全体职工半数以上同意,方获通过。
行业性、区域性集体合同由企业方面代表或者工会组织在草案通过后10日内将集体合同以及相关材料报送人力资源和社会保障行政部门审查</td></tr>
<tr><td>集体合同审查时限</td><td colspan="3">●人力资源和社会保障行政部门自收到报送材料之日起15日内未提出异议的,集体合同即行生效。
集体合同生效后,双方协商代表应当及时以适当的形式向本方全体人员公布。
●人力资源和社会保障行政部门对报送的集体合同有异议的,应当自收到报送材料之日起15日内将审查意见告知报送单位或组织,并发出《集体合同审查意见书》。
人力资源和社会保障行政部门对集体合同提出异议的,集体协商当事人双方可就异议事项重新协商。重新签订集体合同的,应按照本通知的规定将集体合同文本及相关材料报送人力资源和社会保障行政部门审查</td></tr>
<tr><td>集体合同保存期限</td><td colspan="3">各级人力资源和社会保障行政部门应当按照国家有关规定对受理的集体合同进行保管。集体合同期满后,各级人力资源和社会保障行政部门继续保存的期限为2年</td></tr>
<tr><td>争议处理</td><td colspan="3">企业违反集体合同,侵犯职工劳动权益的,工会可以依法要求企业承担责任;因履行集体合同发生争议,经协商解决不成的,工会可以依法申请仲裁、提起诉讼</td></tr>
<tr><td rowspan="2">规定文件</td><td>上海市人民代表大会常务委员会关于修改《上海市集体合同条例》的决定(上海市第十四届人民代表大会常务委员会第二十一次会议通过)</td><td rowspan="2">执行时间</td><td>2008-01-01
2015-06-18
修正</td></tr>
<tr><td>关于印发《上海市集体合同审查办法》的通知(沪人社规〔2021〕26号)</td><td>2021-08-16</td></tr>
</table>

第五部分　人才引进

第二十八章　居住证管理办法

一、上海市居住证及积分管理办法

条文主旨	内　容　摘　要
申办条件	离开常住户口所在地，在本市办理居住登记满半年，符合有合法稳定就业、合法稳定住所、连续就读条件之一的境内来沪人员
持证人员基本待遇	持证人按照国家和本市有关规定，在本市享有劳动就业，参加社会保险，缴存、提取和使用住房公积金的权利；享受义务教育、基本公共就业、基本公共卫生和计划生育、公共文化体育、法律援助和其他法律服务等基本公共服务；享受办理出入境证件、换领、补领居民身份证、机动车登记、申领机动车驾驶证、申报职称评定或考试、职业资格考试、办理生育服务登记和其他计划生育证明材料等便利
积分制度	●《居住证》积分制度是通过设置积分指标体系，对在本市合法稳定居住和合法稳定就业的持证人进行积分，将其个人情况和实际贡献转化为相应的分值。积分达到标准分值的，可以享受相应的公共服务待遇。 ●持有《上海市居住证》的人员(以下简称持证人)，在本市合法稳定居住和合法稳定就业并参加本市职工社会保险满 6 个月的，可以申请积分。持证人在申办上海市居住证积分时，申请当月应处于就业及缴纳本市职工社会保险状态，且前 12 个月内累计缴纳本市职工社会保险费满 6 个月(不含补缴)
积分指标体系	《居住证》积分指标体系包括年龄、教育背景、专业技术职称和技能等级、在本市工作及缴纳社会保险年限等基础指标，并根据本市经济社会发展状况和人口服务管理需要，设置加分指标、减分指标、一票否决指标。各指标项目中根据不同情况划分具体积分标准

续表

<table>
<tr><th>条文主旨</th><th colspan="3">内　容　摘　要</th></tr>
<tr><td>积分规则</td><td colspan="3">●基础指标和加分指标中,同一单项指标的积分不重复计算,取该单项指标的最高分。
●减分指标中单项指标的扣减积分,按照扣减项目累计扣减。
●持证人的总积分等于基础指标与加分指标积分之和减去减分指标的累计扣减积分,总积分的最低分值为0分。基础指标中的“教育背景”“专业技术职称和技能等级”两项指标,选择其中一项进行积分。加分指标中的“投资纳税”“投资带动本地就业”两项指标,选择其中一项进行积分</td></tr>
<tr><td>标准分值</td><td colspan="3">●《居住证》总积分标准分值为120分。
● 对经由市场主体评价并获得市场认可的创业人才及其核心团队、企业科技和技能人才、创新创业中介服务人才及其核心团队等,直接赋予居住证积分标准分值</td></tr>
<tr><td>积分达到标准分值的持证人特殊待遇</td><td colspan="3">● 其同住子女可以按照本市有关规定,在本市参加高中阶段学校招生考试、普通高等学校招生考试。
● 其配偶和同住子女可以按照本市有关规定参加本市社会保险,享受相关待遇</td></tr>
<tr><td>积分申请</td><td colspan="3">持证人需要申请积分的,可通过互联网登录上海市居住证积分管理信息系统,进行网上模拟估分。达到标准分值的,向用人单位提出申请,委托用人单位向注册地区人才服务中心申请积分</td></tr>
<tr><td>积分确认与调整</td><td colspan="3">●在《居住证》签注时,对持证人积分予以确认。
●持证人情况发生变化需要调整积分的,应当委托用人单位向注册地区人才服务中心提交相关材料。
●持证人积分项目发生变化导致积分下降或出现减分项目的,人力资源社会保障部门对其积分进行扣减,并告知持证人</td></tr>
<tr><td rowspan="4">规定文件</td><td>上海市居住证管理办法(沪府令第58号)</td><td rowspan="4">执行时间</td><td>2018-01-01</td></tr>
<tr><td>上海市人民政府关于印发修订后的《上海市居住证积分管理办法》的通知(沪府规〔2022〕21号)</td><td>2023-01-01</td></tr>
<tr><td>上海市人力资源和社会保障局关于印发《上海市居住证积分管理办法实施细则》的通知(沪人社规〔2022〕41号)</td><td>2023-01-01</td></tr>
<tr><td>中共上海市委、上海市人民政府关于进一步深化人才发展体制机制改革 加快推进具有全球影响力的科技创新中心建设的实施意见(沪委发〔2016〕19号)</td><td>2016-09-26</td></tr>
</table>

附:《上海市居住证》积分指标体系表

指标分类及名称		最高分值	指标描述/具体积分标准	积分值	备注
基础指标	年　龄	30 分	56—60 周岁,积 5 分;年龄每减少 1 岁,积分增加 2 分	少 1 岁积 2 分	—
	教育背景	110 分	大专(高职)学历	50 分	1.两项指标选择一项积分。2.以中高级职称和(高级)技师申请者,最近1年内累计6个月的社保缴费基数应不低于上年度社平工资
			大学本科学历	60 分	
			大学本科学历和学士学位	90 分	
			硕士研究生学历学位	100 分	
			博士研究生学历学位	110 分	
	专业技术职称和技能等级	140 分	技能类国家职业资格 五级	15 分	
			技能类国家职业资格 四级	30 分	
			技能类国家职业资格 三级	60 分	
			技能类国家职业资格 二级(技师)或中级职称	100 分	
			技能类国家职业资格 一级(高级技师)或高级职称	140 分	
	缴费年限	—	缴纳职工社会保险费,每满 1 年	3 分	—
加分指标	创业人才	—	符合一定条件的创业人才	120 分	积分条件专业目录市科委、人社局向社会公布
	中介人才	—	符合一定条件的创新创业中介服务人才	120 分	
	紧缺急需专业	—	所学专业属于上海市紧缺急需专业目录,且工作岗位与所学专业一致的	30 分	
	投资纳税或带动本地就业	120 分	按个人投资份额计,最近连续 3 年平均每年投资纳税每纳税 10 万元人民币	10 分	两项指标选择一项进行积分
			按个人投资份额计,最近连续 3 年平均每年聘用本市户籍人员每聘用 10 人	10 分	
	缴纳职工社会保险费基数	120 分	缴费基数 最近年份 4 累计月份 36 80%≤比值<1倍 社平工资	25 分	社平工资即上年度全市职工平均工资
			缴费基数 最近年份 4 累计月份 36 1倍≤比值<2倍 社平工资	50 分	
			缴费基数 最近年份 4 累计月份 36 2倍≤比值<3倍 社平工资	100 分	
			缴费基数 最近年份 3 累计月份 24 比值=3倍 社平工资	120 分	
	特定公共服务领域	—	在本市特定的公共服务领域就业,满 5 年后开始计入总积分	满 1 年积 4 分	环卫领域
	远郊重点区域	20 分	在本市重点发展的远郊区域工作并居住,满 5 年后开始计入总积分	满 1 年积 2 分	临港地区
	应届毕业生	—	全日制应届高校大学毕业生	10 分	—
	表彰奖励	110 分	获本市部、委、办、局等专项性表彰奖励	30 分	按照市政府公布的表彰奖励目录执行
			获本市部、委、办、局等综合性表彰奖励	60 分	
			获省部级及以上政府表彰奖励	110 分	
	配偶户籍	40 分	配偶为上海市户籍人员,结婚每满 1 年	4 分	—
减分指标	提供虚假材料	3 年内有提供身份、学历、就业、职称职业资格、婚姻、表彰奖励等方面虚假材料的,每次扣减 150 分			
	行政拘留	5 年内有行政拘留记录的,每条扣减 50 分			
	一般犯罪	5 年内有一般刑事犯罪记录的,每条扣减 150 分			
一票否决	严重犯罪	持证人有严重刑事犯罪记录的,取消申请积分资格			
规定文件		上海市人民政府关于印发修订后的《上海市居住证积分管理办法》的通知(沪府规〔2022〕21 号)		执行时间	2023-01-01

二、上海市海外人才居住证管理办法

<table>
<tr><th colspan="2">条文主旨</th><th>内容摘要</th></tr>
<tr><td colspan="2">适用对象</td><td>具有本科(学士)及以上学历(学位)或特殊才能,在上海合法工作或者创业的人员,包括:加入外国国籍的留学人员;外国高端人才及其他外国专业人才;持中国护照、拥有国外永久(长期)居留权且国内无户籍的留学人员和其他专业人才;香港、澳门特别行政区专业人才;台湾地区专业人才</td></tr>
<tr><td colspan="2">证件类别</td><td>● 上海市海外人才居住证的载体为《上海市居住证》B证实体证件和电子证件。
●海外人才居住证分为主证和随员证。符合条件的海外人才可以申请主证,其配偶和未满18周岁或者高中在读的子女可以申请随员证</td></tr>
<tr><td colspan="2">有效期</td><td>●海外人才居住证的有效期限为1至5年和10年。
●市人力资源社会保障局根据申请人的年龄、学历学位、专业类别、工作资历、应聘职务等条件,核定相应的证件有效期限,且不超过有效身份证件和聘用(劳动)合同有效期。(注:具体标准见沪人社规〔2020〕20号文附件《上海市海外人才居住证有效期限核定标准》)
● 具有本科(学士)及以上学历(学位),在本市合法工作或创业,持有《外国人永久居留身份证》的海外高层次人才,可直接申请办理海外人才居住证,有效期最长不超过10年。
●在中国(上海)自由贸易试验区临港新片区、张江科学城和虹桥商务区等区域工作的入外籍留学人员可以直接办理长期(最长有效期10年)海外人才居住证</td></tr>
<tr><td colspan="2">证件申办</td><td>需要办理海外人才居住证的,由申请人所在单位通过本市“一网通办”系统向人力资源社会保障部门提出办理申请</td></tr>
<tr><td rowspan="2">持证人待遇</td><td>公共服务</td><td>持有B证的人员可在本市享有居留许可、工作许可、创办企业、行政机关聘用、资格评定、人才专项发展资金、通关便利、来沪定居、永久居留、金融服务、驾驶证照办理、非营业性客车额度拍卖、评选表彰、政务服务等多方面的待遇</td></tr>
<tr><td>社会保险及公积金</td><td>●持证人在沪工作的,按照国家和本市有关规定,参加本市城镇职工社会保险。持证人未就业配偶及未满18周岁或者高中在读的子女可以参加本市城乡居民基本医疗保险,并享受相应待遇。
●持证人在沪工作的,在与用人单位协商一致的基础上,可以按照本市有关规定缴存住房公积金,并可以按照本市有关规定,提取住房公积金和申请住房公积金贷款</td></tr>
</table>

续表

<table>
<tr><th colspan="2">条文主旨</th><th>内　容　摘　要</th></tr>
<tr><td>持证人待遇</td><td>子女教育</td><td>●持证人子女在学前教育阶段、义务教育阶段的，可以根据本市有关规定，由居住地教育行政部门按照就近原则，办理就读手续。
●持证人是留学人员，其子女在国外生活 5 年以上并在国内语言文字适应期(3 年)内参加本市初中升高中考试的，可以适当降低录取分数线；其子女在本市就读高中阶段并获得高中阶段学校毕业文凭的，可以根据有关规定在本市参加高考，报考在本市有招生计划的高等院校。
●符合条件的留学人员子女可入读本市外籍人员子女学校</td></tr>
<tr><td colspan="2">规定文件</td><td>上海市人民政府关于印发修订后的《上海市海外人才居住证管理办法》的通知(沪府发〔2020〕14 号)、上海市人力资源和社会保障局关于印发《上海市海外人才居住证管理办法实施细则》的通知(沪人社规〔2020〕20 号)、上海市人民政府关于印发《鼓励留学人员来上海工作和创业的若干规定》的通知(沪府规〔2021〕1 号)、上海市人力资源和社会保障局等关于印发《关于持有〈外国人永久居留证〉的海外高层次人才直接办理〈上海市海外人才居住证〉的实施办法》的通知(沪人社外发〔2016〕41 号)</td></tr>
</table>

第二十九章　迁沪落户

一、持居住证人员申办上海市常住户口

条文主旨	内　容　摘　要
申办条件（同时满足）	●持有《上海市居住证》满 7 年。 ●持证期间按照规定参加本市城镇社会保险满 7 年。 ●持证期间依法在本市缴纳个人所得税。 ●在本市被评聘为中级及以上专业技术职务或者具有技师（国家二级职业资格证书）以上职业资格，且专业、工种与所聘岗位相对应。 ●符合国家及本市现行计划生育政策，无刑事犯罪记录等其他不宜转办常住户口的情形
激励条件（优先办理）	●在本市作出重大贡献并获得相应奖励，或者在本市被评聘为高级专业技术职务或者高级技师（国家一级职业资格证书）且专业、工种与所聘岗位相对应的，可以不受申办条件第 1、2 项规定的持证及参保年限的限制。 ●在本市远郊地区的教育、卫生等岗位工作满 5 年的，持证及参保年限可以缩短至 5 年。（注：关于职业资格、远郊地区教育、卫生、农业岗位等若干问题的处理意见详见上海市人社局沪人社力发〔2011〕2 号文件） ●最近连续 3 年在本市缴纳城镇社会保险基数高于本市上年度职工平均工资 2 倍以上，或者最近连续 3 年计税薪酬收入高于上年同行业中级技术、技能或者管理岗位年均薪酬收入水平的技术管理和关键岗位人员可以不受申办条件第 4 项规定的专业技术职务或者职业资格等级的限制。 ●按照个人在本市直接投资（或者投资份额）计算，最近连续 3 个纳税年度累计缴纳总额及每年最低缴纳额达到本市规定标准，或者连续 3 年聘用本市员工人数达到规定标准的相关投资和创业人才，可以不受申办条件第 4 项规定的专业技术职务或者职业资格等级的限制
缩短人才居转户年限及其他优化政策	●对经由市场主体评价且符合一定条件的创业、创业投资管理运营、创新创业中介服务人才及其核心团队、企业科技和技能人才，居住证转办户籍年限可由 7 年缩短为 2 至 5 年。 ●上述人才中获得一定规模风险投资的、取得经过市场检验的显著业绩的、市场价值达到一定水平的人才及其核心团队，以及取得显著经营业绩的企业家人才，予以直接落户引进

续表

条文主旨	内容摘要		
缩短人才居转户年限及其他优化政策	●对张江科学城用人单位引进的人才，居转户年限由7年缩短为5年(其中在张江科学城工作时间不低于3年)；张江科学城重点产业的骨干人才，居转户年限由7年缩短为3年(其中在张江科学城工作时间不低于2年)。符合缩短居转户年限要求的各类人才，应书面承诺落户后继续在张江科学城工作2年以上。 ●在自贸区临港新片区用人单位工作的各类人才，最近4年内累计36个月及申报当月在本市缴纳城镇社会保险基数达到上年度本市城镇单位就业人员平均工资1倍的，在申办居转户时可不受职称或者职业资格等级的限制。 ●在本市行政区域内注册的用人单位工作并持有《上海市居住证》的境内人员，最近4年内累计36个月及申报当月在本市缴纳城镇社会保险基数达到上年度本市城镇单位就业人员平均工资2倍的，在申办居转户时可不受职称或者职业资格等级的限制		
规定文件	关于印发《持有〈上海市居住证〉人员申办本市常住户口办法》的通知(沪府规〔2019〕45号)	执行时间	2020-01-01 至 2024-12-31
	关于进一步深化人才发展体制机制改革加快推进具有全球影响力的科技创新中心建设的实施意见(沪委发〔2016〕19号)		2016-09-26
	关于优化本市居住证转办常住户口政策的通知(沪人社规〔2020〕24号)		2020-12-01 至 2024-12-31

二、引进人才申办上海市常住户口

条文主旨	内容摘要
适用对象	符合以下条件之一，在本市行政区域内注册、正常经营且依法纳税的机构，引进国内优秀人才： 1.具有独立法人资格的单位； 2.中央单位在沪一级分支机构、总部在沪单位的分支机构； 3.经各区域或行业主管部门推荐的其他分支机构； 4.确需引进市场价值达到一定水平的企业科技和技能人才的分支机构

续表

<table>
<tr><th>条文主旨</th><th colspan="3">内 容 摘 要</th></tr>
<tr><td>申办条件</td><td colspan="3">●用人单位引进的人才在沪工作稳定且依法参加社会保险，符合下列条件之一的，可以申办本市常住户口：
1.具有博士研究生学历并取得相应学位或具有高级专业技术职务任职资格的专业技术人员和管理人员。
2.获得省部级及以上政府表彰的人员。
3.列入省部级及以上人才培养计划的人选。
4.国家重大科技专项项目、国家重点研发计划项目和本市重大科技项目负责人及其团队核心成员。
5.重点机构所需的具有硕士研究生学历并取得相应学位的人员。
6.重点机构紧缺急需的具有本科及以上学历并取得相应学位的专业技术人员、管理人员和创新团队核心成员等核心业务骨干。
7.重点机构紧缺急需的具有国家二级职业资格证书或技能等级认定证书(技师)的技能类高技能人才。
重点机构是指本市重点产业、重点区域和基础研究领域经行业主管部门和重点区域推荐的用人单位，并实行名单管理和动态调整。
8.获得中华技能大奖、全国技术能手称号、国务院特殊津贴、世界技能大赛奖项等荣誉的高技能人才。
9.取得国家一级职业资格证书或技能等级认定证书(高级技师)的技能类高技能人才。
10.取得国家二级职业资格证书或技能等级认定证书(技师)且获得国家及省部级以上技能竞赛奖励的技能类高技能人才。
11.获得一定规模风险投资的创业人才及其团队核心成员。
12.在本市取得经过市场检验的显著业绩的创新创业中介服务人才及其团队核心成员。
13.在本市管理运营的风险投资资金达到一定规模且取得经过市场检验的显著业绩的创业投资管理运营人才及其团队核心成员。
14.市场价值达到一定水平的企业科技和技能人才。
15.取得显著经营业绩的企业家人才。
16.本市航运、文化艺术、体育、传统医学、农业技术及其他特殊行业紧缺急需的专门人才。
17.本市各区和重点区域自主审批的紧缺急需人才。
18.其他紧缺急需、确有特殊才能的人才。
●用人单位应与引进落户的人才签订劳动(聘用)合同并在沪依法缴纳社会保险费。引进人才一般应距法定退休年龄5年以上。对于特别优秀或者特别紧缺急需的，可适当放宽年限要求。引进人才工作地点一般应在上海</td></tr>
<tr><td rowspan="2">规定文件</td><td>上海市人民政府关于印发《上海市引进人才申办本市常住户口办法》的通知(沪府规〔2020〕25号)</td><td rowspan="2">执行时间</td><td>2020-12-01
至
2025-11-30</td></tr>
<tr><td>关于印发《上海市引进人才申办本市常住户口办法实施细则》的通知(沪人社规〔2020〕27号)</td><td>2020-12-01
至
2025-11-30</td></tr>
</table>

三、留学人员申办上海市常住户口或工作类居留许可

条文主旨	内　容　摘　要
留学回国人员申办上海市常住户口的基本条件	●留学回国人员获得的学历学位应符合下列条件之一 1.在国(境)外高校学习获得博士学位,累计在外学习时间一般不少于1年;如为中外合作办学、联合培养等性质毕业生,累计在外学习时间一般不少于半年。 2.在国内"双一流"建设高校获得全日制本科、学士及以上学历学位(中央直属及中科院各研究生培养单位参照"双一流"建设高校执行),并在国(境)外高校学习获得硕士学位;或在国内非"双一流"建设高校获得全日制本科、学士及以上学历学位,并在国(境)外高水平大学学习获得硕士学位;或在国(境)外高校学习获得学士学位和硕士学位。 3.在国(境)外高水平大学学习获得学士学位。 4.在国内获得硕士研究生及以上学历学位或取得副高级及以上专业技术职务任职资格后,赴国(境)外高校或科研机构进修、做访问学者等满1年。 5.其他不符合第2、3项条件,但在国(境)外高校学习获得学士学位或硕士学位。 ●留学回国人员申办上海常住户口同时应符合下列条件 1.留学人员应在回国后2年内来本市并持续在本市工作,与本市相关用人单位依法签订劳动或聘用合同、按规定在本市缴纳社会保险费和个人所得税(符合"激励条件"第一款条件的除外)。 2.符合本条第一款(注:学历学位条件)前4项条件的人员,最近连续6个月在同一单位社会保险缴费基数不低于上一年度本市城镇单位就业人员平均工资,个人所得税缴纳情况与社会保险缴费基数合理对应;符合本条第一款第5项条件的人员,最近连续12个月在同一单位社会保险缴费基数不低于上一年度本市城镇单位就业人员平均工资的1.5倍,个人所得税缴纳情况与社会保险缴费基数合理对应。社会保险缴费基数过渡期内每年的缴费基数以官方对外公布的数字为准。 社会保险缴费基数、期限及个人所得税缴纳情况原则上由系统自动比对;未正常缴纳社会保险费而补缴的、缴费单位与签订合同单位不一致的、委托非实际用人单位等第三方缴纳的、社会保险缴费基数与个人所得税缴纳情况不能合理对应的不予认可。 3.留学回国人员应为单位紧缺急需并发挥重要作用、需长期使用的人才,与单位依法签订劳动或聘用合同,合同有效期在2年及以上,且自网上受理之日起有效期在3个月及以上(如合同约定有试用期的,需完成试用期后方可申报);派遣人员原则上不属于申办范围。 4.年龄距法定退休年龄5年以上。 5.符合国家及本市现行计划生育政策。 6.无刑事犯罪记录等不宜申办上海常住户口的情形

续表

条文主旨	内　容　摘　要
留学回国人员申办上海市常住户口的激励条件	●对于毕业于世界排名前50名院校的符合基本条件的留学生，取消社会保险费缴费基数和缴费时间要求，全职来本市工作后即可直接申办落户；对于毕业于世界排名51—100名的，全职来本市工作并缴纳社会保险费满6个月后可申办落户。 ●在国(境)外高水平大学、国际知名科研机构等担任相当于副教授、副研究员及以上职务，在世界500强知名企业、跨国公司等担任高级管理、技术、科研职务，或者经上海市人力资源和社会保障局认定为高层次人才的留学人员，以及在国(境)外高水平大学学习获得博士学位的人员等，全职来本市工作后可直接申办落户。 ●纳入"上海科技创新职业清单"的用人单位，本市重点产业、重点区域和基础研究领域等用人单位引进的在国(境)外高水平大学获得科学、技术、工程和数学等紧缺急需专业学士及以上学位的留学人员，全职来本市工作并缴纳社会保险费满6个月后可申办落户。 ●拥有专利、科研成果、专有技术等来本市创办留学人员企业的负责人、团队核心成员(一般累计不超过3人)，企业正常运营、招用至少1名员工(不含企业负责人本人)，并按规定缴纳社会保险费满6个月后可申办落户。企业注册资金不少于50万元人民币(实缴)，留学人员企业负责人为第一大股东(不含股份转让、后期资金注入)，个人股份一般不低于30%
留学回国人员申请单位应具备的基本条件	●留学回国人员申办上海常住户口，须由单位提出申请。 ●申请单位应是在本市行政区域内注册登记的具有用人自主权的党政机关、事业单位、社会团体、民办非企业单位、合伙制企业(会计师事务所、律师事务所等)及符合本市产业发展方向、注册资金在100万元人民币及以上、信誉良好，并在本市正常经营、依法纳税、按规定参加社会保险的各类企业(非企业法人分支机构其上级法人注册资金不低于100万元人民币)
外国留学毕业生申办工作类居留许可	●在上海地区高校取得本科及以上学历且在"双自"地区就业的外国留学生，经自贸试验区管委会或者张江高新区管委会出具证明，可直接申请办理外国人就业手续和工作类居留许可。 ●在国内高校毕业的具有本科及以上学历的外国留学生在上海创业，可申请有效期2年以内的私人事务类居留许可(加注"创业")，其间被有关单位聘雇的，可按照规定办理工作类居留许可
规定文件	上海市人力资源和社会保障局关于印发《留学回国人员申办上海常住户口实施细则》的通知(沪人社规〔2020〕25号)，中共上海市委、上海市人民政府关于进一步深化人才发展体制机制改革 加快推进具有全球影响力的科技创新中心建设的实施意见(沪委发〔2016〕19号)，上海市人力资源和社会保障局关于助力复工复产实施人才特殊支持举措的通知(沪人社力〔2022〕103号)

四、非上海生源毕业生进沪就业落户

条文主旨	内 容 摘 要
用人单位条件	用人单位是非上海生源毕业生进沪就业申请落户的申请主体。符合下列条件之一的用人单位,直接录用非上海生源毕业生的,可以为录用人员申请本市户籍: 1.本市行政区域内的党政机关; 2.在本市登记的事业单位、社会团体、基金会、社会服务机构(民办非企业单位); 3.符合本市产业发展方向、信誉良好、注册资金达到人民币100万元(含)以上的企业,且在2022年5月31日前在本市注册登记(非上海生源毕业生最高学历阶段自主创业并担任企业法定代表人,以自主创业形式为本人申请办理本市户籍的,不受上述注册资金和注册登记时间限制); 4.不符合上述条件的用人单位如确需引进非上海生源毕业生的,须在2023年7月7日前由其政府主管部门、所在区政府或市级以上开发园区主管机构的人力资源工作部门,以正式公文形式向上海市高校招生和就业工作联席会议("联席会议")办公室提出申请
非上海生源毕业生条件	●遵守法律法规及学校规章制度。 ●列入普通高校国家统一招生计划,不属于定向和委托培养,完成学业并于2023年取得相应的毕业证书和学位证书。 ●在校期间未与任何用人单位存在劳动关系或人事聘用关系,未缴纳社会保险(非上海生源毕业生最高学历阶段自主创业并担任企业法定代表人,以自主创业形式为本人申请办理本市户籍,并由该企业为其缴纳社会保险的,不受该条件限制)。 ●与符合规定申请条件的用人单位签订劳动或聘用合同期为一年及以上的就业协议。中介机构的派遣人员不予受理
申请审核	●非上海生源毕业生进沪就业申请落户,须由用人单位一次性提交申请材料。 ●上海市学生事务中心依据《2023年非上海生源高校毕业生进沪就业评分办法》,对用人单位提交的申请材料进行初审并对相关信息进行公示后,报联席会议审定。相关结果通过就业创业服务网予以告知。公布结果后,单位及获得落户资格的学生应在6个月内完成实际落户手续。 ●2023年非上海生源毕业生进沪就业落户标准分为72分。 ●博士、研究生符合基本申报条件即可落户;在沪各研究所、各高校应届硕士毕业生、其他世界一流大学建设高校应届硕士毕业生、世界一流学科建设高校建设学科应届硕士毕业生,及在沪"双一流"建设高校的应届本科毕业生在五个新城、南北地区重点转型地区用人单位工作的,符合当年度非上海生源应届普通高校毕业生进沪就业申请本市户籍办法规定的基本条件即可落户
规定文件	上海市教育委员会等四部门关于做好2023年非上海生源应届普通高校毕业生进沪就业工作的通知(沪教委学〔2023〕23号)

附：非上海生源应届普通高校毕业生进沪就业申请本市户籍评分办法

<table>
<tr><th colspan="3">评分要素分类</th><th>评分标准</th><th>分值</th><th>备注</th></tr>
<tr><td rowspan="24">毕业生要素分</td><td rowspan="20">基本要素</td><td rowspan="2">最高学位、学历</td><td>硕士、研究生</td><td>24</td><td rowspan="2"></td></tr>
<tr><td>学士、本科生</td><td>21</td></tr>
<tr><td rowspan="4">毕业学校</td><td>第一类高校及研究生培养单位</td><td>15</td><td>世界一流大学建设高校、在沪世界一流学科建设高校、中科院在沪各研究所等研究生培养单位</td></tr>
<tr><td>第二类高校及研究生培养单位</td><td>12</td><td>其他世界一流学科建设高校、中央直属研究生培养单位、上海各本科高校和研究生培养单位</td></tr>
<tr><td>其他高校及研究生培养单位</td><td>8</td><td></td></tr>
<tr><td>最高学历阶段在上海高校就读</td><td>2</td><td>另加</td></tr>
<tr><td rowspan="4">学习成绩</td><td>一级</td><td>8</td><td>成绩综合排名前25%</td></tr>
<tr><td>二级</td><td>6</td><td>成绩综合排名26%～50%</td></tr>
<tr><td>三级</td><td>4</td><td>成绩综合排名51%～75%</td></tr>
<tr><td>四级</td><td>2</td><td>成绩综合排名76%～100%</td></tr>
<tr><td rowspan="3">外语水平</td><td>CET－6级证书或成绩达到425分(含)以上、专业八级</td><td>8</td><td></td></tr>
<tr><td>CET－4级证书或成绩达到425分(含)以上、专业四级</td><td>7</td><td></td></tr>
<tr><td>外语类、艺术类、体育类专业外语课程合格</td><td>7</td><td></td></tr>
<tr><td rowspan="7">计算机水平</td><td>毕业研究生</td><td>7</td><td></td></tr>
<tr><td>理科类专业：计算机高级水平或免予此项要求的专业</td><td>7</td><td>本科2013年前入学：数学类、电子信息科学类、电气信息类、管理科学与工程类。
本科2013年(含)后入学：数学类、电子信息类、电气类、自动化类、计算机类、管理科学与工程类</td></tr>
<tr><td>文科类专业：计算机中级或省级二级水平</td><td>7</td><td></td></tr>
<tr><td>理科类专业：计算机中级或省级二级水平</td><td>6</td><td></td></tr>
<tr><td>文科类专业：计算机初级或省级一级水平</td><td>6</td><td></td></tr>
<tr><td>艺术类、体育类专业：相关课程合格</td><td>6</td><td></td></tr>
<tr><td rowspan="4">导向要素</td><td rowspan="3">荣誉称号</td><td>国家级</td><td>10</td><td rowspan="3">经认定的校级及以上级别“三好学生”“优秀学生”“优秀学生干部”“优秀毕业生”；
学校级荣誉称号(每次1分，不超过2分)</td></tr>
<tr><td>省(自治区、直辖市)级</td><td>5</td></tr>
<tr><td>学校级</td><td>1</td></tr>
<tr><td>科研创新</td><td>科研创新</td><td>5</td><td>该专利首次申请时的发明人，且对该项发明创造的实质性特点作出创造性贡献，不包含该专利首次申请后变更的发明人</td></tr>
</table>

续表

<table>
<tr><th colspan="3">评分要素分类</th><th>评分标准</th><th>分值</th><th>备注</th></tr>
<tr><td rowspan="7">毕业生要素分</td><td rowspan="7">导向要素</td><td rowspan="6">学术、文体竞赛获奖</td><td>全国性比赛一等奖</td><td>10</td><td rowspan="6">经认定的全国性比赛(含地方赛区,不含专项竞赛、选拔赛及分组赛)奖项。申请人为跨校组队成员的,须对项目创新做出实质性贡献。
限在最高学历就读期间获得;同类奖励取最高分;荣誉称号和竞赛获奖可累加,最高不超过15分</td></tr>
<tr><td>全国性比赛二等奖</td><td>8</td></tr>
<tr><td>全国性比赛三等奖</td><td>6</td></tr>
<tr><td>全国性比赛地方赛区一等奖</td><td>5</td></tr>
<tr><td>全国性比赛地方赛区二等奖</td><td>3</td></tr>
<tr><td>全国性比赛地方赛区三等奖</td><td>1</td></tr>
<tr><td>国家就业项目服务期满</td><td>上海高校毕业生参加西部计划服务期满</td><td>5</td><td>按其毕业当年的评分办法评分,并在此基础上给予加分;
上海高校毕业生参加“到村任职”“三支一扶”计划服务期满、在校期间应征入伍按相关政策执行</td></tr>
<tr><td rowspan="9">用人单位要素分</td><td>基本要素</td><td>就业用工</td><td>用人单位招聘高校毕业生行为符合诚信规范,并与毕业生签订劳动或聘用合同期为一年及以上的就业协议</td><td>7</td><td>劳动派遣方式除外</td></tr>
<tr><td rowspan="8">导向要素</td><td rowspan="2">引进重点领域人才</td><td>录用上海市重点发展领域所需学科(专业)毕业生</td><td>3</td><td></td></tr>
<tr><td>录用上海市重点发展领域所需学科中的教育部重点学科毕业研究生</td><td>3</td><td></td></tr>
<tr><td>重点区域引进人才</td><td>用人单位为新城、南北地区重点转型地区范围内教育、卫生等公益事业单位</td><td>3</td><td></td></tr>
<tr><td rowspan="4">承担重大项目</td><td>用人单位承担国家和上海经济社会发展重大项目且录用的毕业生专业与行业相匹配</td><td>3</td><td></td></tr>
<tr><td>用人单位为远郊地区教育、卫生、农业等社会公益事业单位</td><td>3</td><td rowspan="2">本市中小学、幼儿园与远郊地区教育社会公益事业单位不累计加分</td></tr>
<tr><td>用人单位为本市中小学、幼儿园</td><td>2</td></tr>
<tr><td>本市中小学体育专任教师、本市幼儿园专任教师</td><td>1</td><td></td></tr>
<tr><td>自主创业</td><td>在校或休学期间创业,企业经营情况良好</td><td>5</td><td>毕业生须为符合相关要求创业企业的法定代表人且为原始投资人(不含股权转让后受让股权),法定代表人首次出资比例不低于公司注册资本的10%</td></tr>
</table>

五、照顾困难家庭调沪(专业技术人员或管理人员)

<table>
<tr><th>照顾类别</th><th colspan="3">审批对象、范围和条件</th></tr>
<tr><td>夫妻两地分居调沪</td><td colspan="3">本市人员因夫妻两地分居,其在外地的配偶属专业技术人员或管理人员(含聘用制干部,下同),在沪有接收单位,且本人或在外地配偶符合下列条件之一的,可以申请将其在外地的配偶调入本市工作。未成年子女可随迁进沪。
1.获得省(市)部级以上荣誉称号者、获得省(市)部级以上科研成果奖的主要完成者、有突出贡献的中青年专家、被聘任为高级专业技术职务的人员、博士学位获得者、处级以上管理人员,以及在外地配偶符合本市引进人才政策规定条件的人员。
2.被聘任为中级专业技术职务满三年的人员、工作满三年的硕士学位获得者;以及被聘任为中级专业技术职务或获得硕士学位,夫妻两地分居满三年的人员。
3.夫妻两地分居满五年的人员。
4.家庭有特殊困难的人员</td></tr>
<tr><td>老人身边无子女调沪</td><td colspan="3">●年老多病、在沪无子女照顾的老人,可从外地未婚子女或第三代中调一人来沪工作,如没有未婚子女的,可调一名已婚子女来沪工作,并可随带未成年子女,随带子女一般不得超过两人。
●如家有多位老人,确属生活不能自理必须调两人,且工作可以安排的,可按特殊情况报经我局同意后,调夫妇两人来沪工作。
●对以前按“老人在沪身边无子女”政策调沪的干部。如家庭确有很大困难,各区、县、局可以根据实际情况适当提前解决夫妻分居</td></tr>
<tr><td rowspan="2">规定文件</td><td>上海市人事局、公安局《关于进一步解决专业技术人员和管理人员夫妻两地分居问题的通知》(沪人〔1999〕122 号)</td><td rowspan="2">执行时间</td><td>1999-09-15</td></tr>
<tr><td>上海市人事局《关于“照顾老人”政策问题的复函》(沪人〔1988〕160 号)</td><td>1988-11-02</td></tr>
</table>

六、照顾困难家庭调沪(外省市职工、家属)

<table>
<tr><td>照顾类别</td><td colspan="3">审批对象、范围和条件</td></tr>
<tr><td>外省市职工(家属)户口进沪</td><td colspan="3">●从外省市转移到本市工作的职工必须是非农业户口,身体无严重疾病能坚持正常工作的、与外地所在工作单位具有劳动关系的在职职工(不含乡镇企业职工)。
●夫妻两地分居职工的转移。夫妻两地分居原则上按职工家庭生活基础(指配偶和子女)是否在沪为依据,可按下列条件办理:
1.对配偶和子女在沪,单身一人在外地工作的职工,如上海家庭有困难,且分居时间已在六年以上的,可照顾转移来沪工作。
2.原户口从上海迁出的职工(包括随迁子女或出生在外地现已工作的子女)配偶一方在沪的,分居年限须满二年。
3.因本市经济建设发展需要,技术等级在高级以上(技术证书须经本市劳动保障部门鉴定)的职工,可不受分居时间限制。
●"特困"职工的转移。("特困"是指职工在沪家庭中老人有特殊困难)按下列条件办理:
1.老人在沪无子女且无成年第三代照顾的,或虽有一个子女、但该子女患严重疾病,生活自理有困难的;
2.在沪子女在远郊成家;参军去外地并提升为军官;出国定居(未定居但出国已四年以上)的。
符合上述条件的,可照顾外地一名未婚子女或成年第三代一人来沪照顾老人。无未婚子女或成年第三代可酌情照顾一名在外地工作的已婚子女(或一对夫妻)回沪。
●其他职工的转移
1.原户口从上海迁出的职工已丧偶或大龄未婚的;
2.原户口从上海迁出,现已离婚的职工,若离婚后单身三年以上,且其子女已回沪入户,本人在当地生活或上海家庭确有困难的,可酌情照顾回沪;
3.上海家庭中有其他特殊困难的,也可酌情照顾一名在外地工作的职工回沪;
4.对属本市统战、侨务、台胞等对象和老红军在外地工作的已婚子女需要照顾回沪的,应由市统战部、市侨办、市对台办和市委老干部局等部门提出意见后,按中央和本市有关政策规定照顾办理</td></tr>
<tr><td>规定文件</td><td>上海市劳动和社会保障局《关于外省市职工转移进沪工作的通知》(沪劳保社发〔1999〕56号)</td><td>执行时间</td><td>1999-08-01</td></tr>
</table>

七、投靠类户口迁移

<table>
<tr><th>投靠类别</th><th colspan="3">审批对象、范围和条件</th></tr>
<tr><td>子女投靠</td><td colspan="3">●外省市人员与本市常住户口居民(指在本市具有登记常住户口满 5 年)依法办理婚姻登记后,符合本市计划生育政策规定生育的未成年子女(16 周岁以下或普通高中就读学生,下同),已随外省市父(母)办理出生登记,现要求投靠本市父(母)户口的,可准予在父(母)户口所在地落户。
●原由本市经动员、分配去外省市工作现已被批准回沪落户的人员,其生育的子女从未就业、未婚未育、实际生活基础长期在本市、年龄不超过 25 周岁的,可准予在父(母)户口所在地落户。
●经市教委批准已在本市落户的高校毕业生,其符合本市计划生育政策规定生育的未成年子女在沪居住生活的,可准予在父(母)户口所在地落户。
●本市常住户口居民收养外省市小孩,经审核符合《中华人民共和国收养法》规定,依法办理《收养登记证》后随父(母)在沪共同居住生活满 5 年以上且未成年的,可准予在养父(母)户口所在地落户</td></tr>
<tr><td>夫妻投靠</td><td colspan="3">●外省市人员(指农业户口和非农业户口的无业人员,下同)与具有本市家庭常住户口的居民(指在本市已登记常住户口满 10 年)依法办理婚姻登记满 10 年、年满 35 周岁,可准予其在配偶户口所在地落户。
●外省市少数民族及归侨、归侨子女、华侨子女与具有本市家庭常住户口的居民(指在本市已登记常住户口满 7 年)依法办理婚姻登记满 7 年,可准予其在配偶户口所在地落户。
●外省市人员与本市残疾居民依法办理婚姻登记满 5 年,可准予其在配偶户口所在地落户</td></tr>
<tr><td>老人投靠</td><td colspan="3">●经动员分配去外省市工作的原本市常住户口人员,现已按国家法定年龄退休,并已享受社会保险待遇,要求回沪投靠子女的,可准予其在子女户口所在地落户。如系未生育或未领养过子女,本市亲属(父母、兄弟姐妹)愿意接受的,可准予其在本市亲属户口所在地落户。
●原本市常住户口人员因其他原因去外省市工作的,现已按国家法定年龄退休(夫妻双方须同时符合规定年龄),并已享受社会保险待遇的,要求返沪投靠本市子女的,可准予其在子女户口所在地落户</td></tr>
<tr><td rowspan="2">规定文件</td><td>上海市人民政府办公厅《关于本市投靠类户口迁移若干实施意见》(沪府〔2009〕70 号)</td><td rowspan="2">执行时间</td><td>2009-08-24</td></tr>
<tr><td>上海市公安局关于执行本市投靠类户口迁移政策的若干规定</td><td>2013-08-01</td></tr>
</table>

第六部分　其他

第三十章　个人及企业税费

一、个人所得税

(一)居民个人年度综合所得

条文主旨	内　容　摘　要
纳税年度	自公历一月一日起至十二月三十一日止
居民个人	●在中国境内有住所,或者无住所而一个纳税年度内在中国境内居住累计满 183 天的个人,为居民个人。居民个人从中国境内和境外取得的所得,依照本法规定缴纳个人所得税。 ●无住所个人一个纳税年度在中国境内累计居住满 183 天的,如果此前六年在中国境内每年累计居住天数都满 183 天而且没有任何一年单次离境超过 30 天,该纳税年度来源于中国境内、境外所得应当缴纳个人所得税;如果此前六年的任一年在中国境内累计居住天数不满 183 天或者单次离境超过 30 天,该纳税年度来源于中国境外且由境外单位或者个人支付的所得,免予缴纳个人所得税。“此前六年”是指该纳税年度的前一年至前六年的连续六个年度,“此前六年”的起始年度自 2019 年(含)以后年度开始计算。 ●在中国境内居住累计满 183 天的任一年度中有一次离境超过 30 天的,其在中国境内居住累计满 183 天的年度的连续年限重新起算
综合所得	●居民个人取得工资、薪金所得、劳务报酬所得、稿酬所得、特许权使用费所得,按纳税年度合并计算个人所得税。其中: 1. 工资、薪金所得,是指个人因任职或者受雇取得的工资、薪金、奖金、年终加薪、劳动分红、津贴、补贴以及与任职或者受雇有关的其他所得。 2. 劳务报酬所得,是指个人从事劳务取得的所得,包括从事设计、装潢、安装、制图、化验、测试、医疗、法律、会计、咨询、讲学、翻译、审稿、书画、雕刻、影视、录音、录像、演出、表演、广告、展览、技术服务、介绍服务、经纪服务、代办服务以及其他劳务取得的所得。 3. 稿酬所得,是指个人因其作品以图书、报刊等形式出版、发表而取得的所得。 4. 特许权使用费所得,是指个人提供专利权、商标权、著作权、非专利技术以及其他特许权的使用权取得的所得;提供著作权的使用权取得的所得,不包括稿酬所得

续表

<table>
<tr><th>条文主旨</th><th colspan="3">内　　容　　摘　　要</th></tr>
<tr><td>综合所得</td><td colspan="3">●居民个人的综合所得，以每一纳税年度的收入额减除费用60000元以及专项扣除、专项附加扣除和依法确定的其他扣除后的余额，为应纳税所得额。劳务报酬所得、稿酬所得、特许权使用费所得以收入减除20%的费用后的余额为收入额。稿酬所得的收入额减按70%计算</td></tr>
<tr><td rowspan="3">规定文件</td><td>全国人民代表大会常务委员会关于修改《中华人民共和国个人所得税法》的决定（中华人民共和国主席令第9号）</td><td rowspan="3">执行日期</td><td>2019-01-01</td></tr>
<tr><td>中华人民共和国个人所得税法实施条例（中华人民共和国国务院令第707号）</td><td>2019-01-01</td></tr>
<tr><td>关于在中国境内无住所的个人居住时间判定标准的公告（财政部税务总局公告2019年第34号）</td><td>2019-01-01</td></tr>
</table>

附一：个人所得税预扣率表（居民个人工资、薪金所得预扣预缴适用）

级数	累计预扣预缴应纳税所得额	预扣率（%）	速算扣除数
1	不超过36000元的	3	0
2	超过36000元至144000元的部分	10	2520
3	超过144000元至300000元的部分	20	16920
4	超过300000元至420000元的部分	25	31920
5	超过420000元至660000元的部分	30	52920
6	超过660000元至960000元的部分	35	85920
7	超过960000元的部分	45	181920

附二：个人所得税预扣率表（居民个人劳务报酬所得预扣预缴适用）

级数	预扣预缴应纳税所得额	预扣率（%）	速算扣除数
1	不超过20000元的	20	0
2	超过20000元至50000元的部分	30	2000
3	超过50000元的部分	40	7000

附三：按月换算后的综合所得税率表

级数	全月应纳税所得额	税率（%）	速算扣除数
1	不超过3000元的	3	0
2	超过3000元至12000元的部分	10	210
3	超过12000元至25000元的部分	20	1410
4	超过25000元至35000元的部分	25	2660
5	超过35000元至55000元的部分	30	4410
6	超过55000元至80000元的部分	35	7160
7	超过80000元的部分	45	15160

(二)专项附加扣除

<table>
<tr><th>扣除项目</th><th colspan="2">扣除标准</th><th>扣除说明</th></tr>
<tr><td>子女教育</td><td colspan="2">1000 元/月
(每个子女)</td><td>●学历教育包括义务教育(小学、初中教育)、高中阶段教育(普通高中、中等职业、技工教育)、高等教育(大学专科、大学本科、硕士研究生、博士研究生教育)。年满3岁至小学入学前处于学前教育阶段的子女按此执行。
●父母可选择由其中一方按100%扣除,也可选择由双方分别按50%扣除</td></tr>
<tr><td>大病医疗</td><td colspan="2">限额 80000 元/年</td><td>●一个纳税年度内,纳税人发生的与基本医保相关的医药费用支出,扣除医保报销后个人负担(指医保目录范围内的自付部分)累计超过15000元的部分,在限额内据实扣除。
●可选择由本人或配偶扣除;未成年子女发生的医药费用支出可选择由父母一方扣除。
●纳税人及其配偶、未成年子女发生的医药费用支出,按规定分别计算扣除额</td></tr>
<tr><td>住房贷款利息</td><td colspan="2">1000 元/月</td><td>●纳税人本人或配偶单独或共同使用商业银行或住房公积金个人住房贷款为本人或配偶购买境内住房,发生的首套住房贷款(指购买住房享受首套住房贷款利率的住房贷款)利息支出,在实际发生贷款利息的年度可享受扣除,最长不超过240个月。
●纳税人只能享受一次首套住房贷款利息扣除。
●经夫妻双方约定可选择由其中一方扣除。
●夫妻双方婚前分别购买住房发生的首套住房贷款,婚后可选择其中一套住房,由购买方按100%扣除,也可由夫妻双方对各自购买的住房分别按50%扣除</td></tr>
<tr><td rowspan="2">继续教育</td><td>中国境内学历(学位)教育</td><td>400 元/月</td><td rowspan="2">●同一学历(学位)继续教育的扣除期限不能超过48个月。
●个人接受本科及以下学历(学位)继续教育,可选择由其父母扣除,也可选择由本人扣除</td></tr>
<tr><td>技能/技术人员职业资格教育</td><td>3600 元/年
(拿证当年度)</td></tr>
</table>

续表

<table>
<tr><th>扣除项目</th><th colspan="2">扣除标准</th><th colspan="2">扣除说明</th></tr>
<tr><td rowspan="3">住房租金</td><td>直辖市、省会(首府)城市、计划单列市、国务院确定的其他城市</td><td>1500 元/月</td><td colspan="2" rowspan="3">●纳税人在主要工作城市没有自有住房而发生的住房租金支出，可享受专项扣除。
●纳税人的配偶在纳税人的主要工作城市有自有住房的，视同纳税人在主要工作城市有自有住房；夫妻双方主要工作城市相同的，只能由一方扣除住房租金支出。
●主要工作城市指纳税人任职受雇的直辖市、计划单列市、副省级城市、地级市(地区、州、盟)全部行政区域范围；纳税人无任职受雇单位的，为受理其综合所得汇算清缴的税务机关所在城市。
●由签订租赁住房合同的承租人扣除。
●纳税人及其配偶在一个纳税年度内不能同时分别享受住房贷款利息和住房租金专项附加扣除</td></tr>
<tr><td>其他市辖区户籍人口超过 100 万的城市</td><td>1100 元/月</td></tr>
<tr><td>其他市辖区户籍人口不超过 100 万的城市</td><td>800 元/月</td></tr>
<tr><td rowspan="2">赡养老人</td><td>独生子女</td><td>2000 元/月
(定额)</td><td colspan="2" rowspan="2">●纳税人为非独生子女的，由其与兄弟姐妹分摊每月扣除额度，每人分摊的额度不能超过每月 1000 元。可以由赡养人均摊或者约定分摊，也可以由被赡养人指定分摊。约定或者指定分摊的须签订书面分摊协议，指定分摊优先于约定分摊。
●被赡养人是指年满 60 岁的父母，以及子女均已去世的年满 60 岁的祖父母、外祖父母</td></tr>
<tr><td>非独生子女</td><td>2000 元/月
(分摊)</td></tr>
<tr><td>婴幼儿照护</td><td>照护 3 岁以下婴幼儿子女</td><td>1000 元/月</td><td colspan="2">父母可以选择由其中一方按扣除标准的 100% 扣除，也可以选择由双方分别按扣除标准的 50% 扣除</td></tr>
<tr><td rowspan="2">规定文件</td><td colspan="2">国务院关于印发个人所得税专项附加扣除暂行办法的通知(国发〔2018〕41 号)</td><td rowspan="2">执行日期</td><td>2019-01-01</td></tr>
<tr><td colspan="2">国务院关于设立 3 岁以下婴幼儿照护个人所得税专项附加扣除的通知(国发〔2022〕8 号)</td><td>2022-01-01</td></tr>
</table>

（三）社会保险费、住房公积金、工伤待遇、生育津贴

文　号	标　题	内　容　摘　要	执行时间
财政部、国家税务总局财税〔2006〕10号	关于基本养老保险费、基本医疗保险费、失业保险费、住房公积金有关个人所得税政策的通知	●企事业单位按照国家或省(自治区、直辖市)人民政府规定的缴费比例或办法实际缴付的基本养老保险费、基本医疗保险费和失业保险费,免征个人所得税;个人按照国家或省(自治区、直辖市)人民政府规定的缴费比例或办法实际缴付的,允许在个人应纳税所得额中扣除。企事业单位和个人超过规定的比例和标准缴付的,应将超过部分并入个人当期的工资、薪金收入,计征个人所得税。 ●根据《住房公积金管理条例》等规定,单位和个人分别在不超过职工本人上一年度月平均工资12%的幅度内,其实际缴存的住房公积金,允许在个人应纳税所得额中扣除。单位和职工个人缴存住房公积金的月平均工资不得超过职工工作地所在地区城市上一年度职工月平均工资的3倍,具体标准按照各地有关规定执行。 单位和个人超过上述规定比例和标准缴付的住房公积金,应将超过部分并入个人当期的工资、薪金收入,计征个人所得税。 ●个人实际领(支)取原提存的基本养老保险金、基本医疗保险金、失业保险金和住房公积金时,免征个人所得税	2006-06-27
财政部、国家税务总局财税〔2012〕40号	关于工伤职工取得的工伤保险待遇有关个人所得税政策的通知	●对工伤职工及其近亲属按照《工伤保险条例》规定取得的工伤保险待遇,免征个人所得税。 ●本通知第一条所称的工伤保险待遇,包括工伤职工按照《工伤保险条例》规定取得的一次性伤残补助金、伤残津贴、一次性工伤医疗补助金、一次性伤残就业补助金、工伤医疗待遇、住院伙食补助费、外地就医交通食宿费用、工伤康复费用、辅助器具费用、生活护理费等,以及职工因工死亡,其近亲属按照《工伤保险条例》规定取得的丧葬补助金、供养亲属抚恤金和一次性工亡补助金等	2011-01-01
财政部、国家税务总局财税〔2008〕8号	关于生育津贴和生育医疗费有关个人所得税政策的通知	生育妇女按照县级以上人民政府根据国家有关规定制定的生育保险办法,取得的生育津贴、生育医疗费或其他属于生育保险性质的津贴、补贴,免征个人所得税	2008-03-07

(四)经济补偿收入

文　号	标　题	内　容　摘　要	执行时间
财政部税务总局财税〔2018〕164号	关于个人所得税法修改后有关优惠政策衔接问题的通知	个人与用人单位解除劳动关系取得一次性补偿收入(包括用人单位发放的经济补偿金、生活补助费和其他补助费),在当地上年职工平均工资3倍数额以内的部分,免征个人所得税;超过3倍数额的部分,不并入当年综合所得,单独适用综合所得税率表,计算纳税	2019-01-01

(五)全年一次性奖金收入

文　号	标　题	内　容　摘　要	执行时间
财政部税务总局财税〔2018〕164号	关于个人所得税法修改后有关优惠政策衔接问题的通知	●居民个人取得全年一次性奖金,符合《国家税务总局关于调整个人取得全年一次性奖金等计算征收个人所得税方法问题的通知》(国税发〔2005〕9号)规定的,在2023年12月31日前,不并入当年综合所得,以全年一次性奖金收入除以12个月得到的数额,按照按月换算后的综合所得税率表(见本书第174页附三),确定适用税率和速算扣除数,单独计算纳税。计算公式为: 应纳税额=全年一次性奖金收入×适用税率-速算扣除数 ●居民个人取得全年一次性奖金,也可以选择并入当年综合所得计算纳税。 ●自2024年1月1日起,居民个人取得全年一次性奖金,应并入当年综合所得计算缴纳个人所得税	2019-01-01 至 2023-12-31
国家税务总局国税发〔2005〕9号	关于调整个人取得全年一次性奖金等计算征收个人所得税方法问题的通知	●在一个纳税年度内,对每一个纳税人,该计税办法只允许采用一次。 ●雇员取得除全年一次性奖金以外的其他各种名目奖金,如半年奖、季度奖、加班奖、先进奖、考勤奖等,一律与当月工资、薪金收入合并,按税法规定缴纳个人所得税	2005-01-01

(六)个人养老金及其递延纳税政策

<table>
<tr><th>条文主旨</th><th colspan="3">内　容　摘　要</th></tr>
<tr><td>参加范围</td><td colspan="3">在中国境内参加城镇职工基本养老保险或者城乡居民基本养老保险的劳动者,可以参加个人养老金制度</td></tr>
<tr><td>制度模式</td><td colspan="3">●个人养老金实行个人账户制度,缴费完全由参加人个人承担,实行完全积累。参加人通过个人养老金信息管理服务平台(以下简称信息平台),建立个人养老金账户。
●参加人可以用缴纳的个人养老金在符合规定的金融机构或者其依法合规委托的销售渠道(以下统称金融产品销售机构)购买金融产品,并承担相应的风险。
●个人养老金资金账户实行封闭运行,其权益归参加人所有,除另有规定外不得提前支取。
●参加人每年缴纳个人养老金的上限为 12000 元</td></tr>
<tr><td>个人养老金投资</td><td colspan="3">个人养老金资金账户资金用于购买符合规定的银行理财、储蓄存款、商业养老保险、公募基金等运作安全、成熟稳定、标的规范、侧重长期保值的满足不同投资者偏好的金融产品,参加人可自主选择</td></tr>
<tr><td>个人养老金领取</td><td colspan="3">●参加人达到领取基本养老金年龄、完全丧失劳动能力、出国(境)定居,或者具有其他符合国家规定的情形,经信息平台核验领取条件后,可以按月、分次或者一次性领取个人养老金,领取方式一经确定不得更改。领取时,应将个人养老金由个人养老金资金账户转入本人社会保障卡银行账户。
●参加人死亡后,其个人养老金资金账户中的资产可以继承</td></tr>
<tr><td>递延纳税政策</td><td colspan="3">●在缴费环节,个人向个人养老金资金账户的缴费,按照 12000 元/年的限额标准,在综合所得或经营所得中据实扣除;在投资环节,计入个人养老金资金账户的投资收益暂不征收个人所得税;在领取环节,个人领取的个人养老金,不并入综合所得,单独按照 3%的税率计算缴纳个人所得税,其缴纳的税款计入“工资、薪金所得”项目。
●个人缴费享受税前扣除优惠时,以个人养老金信息管理服务平台出具的扣除凭证为扣税凭据。取得工资薪金所得、按累计预扣法预扣预缴个人所得税劳务报酬所得的,其缴费可以选择在当年预扣预缴或次年汇算清缴时在限额标准内据实扣除。选择在当年预扣预缴的,应及时将相关凭证提供给扣缴单位。扣缴单位应按照本公告有关要求,为纳税人办理税前扣除有关事项。取得其他劳务报酬、稿酬、特许权使用费等所得或经营所得的,其缴费在次年汇算清缴时在限额标准内据实扣除。个人按规定领取个人养老金时,由开立个人养老金资金账户所在市的商业银行机构代扣代缴其应缴的个人所得税</td></tr>
<tr><td rowspan="2">规定文件</td><td>国务院办公厅关于推动个人养老金发展的意见(国办发〔2022〕7 号)</td><td rowspan="2">执行时间</td><td>2022-04-08</td></tr>
<tr><td>关于个人养老金有关个人所得税政策的公告(财政部 税务总局公告 2022 年第 34 号)</td><td>2022-01-01</td></tr>
</table>

(七)商业健康保险个人所得税政策

<table>
<tr><th>条文主旨</th><th colspan="3">内　容　摘　要</th></tr>
<tr><td>适用对象</td><td colspan="3">取得工资薪金所得、连续性劳务报酬所得的个人,以及取得个体工商户生产经营所得、对企事业单位的承包承租经营所得的个体工商户业主、个人独资企业投资者、合伙企业合伙人和承包承租经营者</td></tr>
<tr><td>具体规定</td><td colspan="3">●对个人购买符合规定的商业健康保险产品的支出,允许在当年(月)计算应纳税所得额时予以税前扣除,扣除限额为2400元/年(200元/月)。单位统一为员工购买符合规定的商业健康保险产品的支出,应分别计入员工个人工资薪金,视同个人购买,按上述限额予以扣除。
●2400元/年(200元/月)的限额扣除为个人所得税法规定减除费用标准之外的扣除</td></tr>
<tr><td>保险产品</td><td colspan="3">●符合规定的商业健康保险产品,是指保险公司参照个人税收优惠型健康保险产品指引框架及示范条款开发的、符合规定条件的健康保险产品(可详见规定文件附件)。
●根据目标人群已有保障项目和保障需求的不同,符合规定的健康保险产品共有三类,分别适用于:1.对公费医疗或基本医疗保险报销后个人负担的医疗费用有报销意愿的人群;2.对公费医疗或基本医疗保险报销后个人负担的特定大额医疗费用有报销意愿的人群;3.未参加公费医疗或基本医疗保险,对个人负担的医疗费用有报销意愿的人群</td></tr>
<tr><td>税收征管</td><td colspan="3">●单位统一组织为员工购买或者单位和个人共同负担购买符合规定的商业健康保险产品,单位负担部分应当实名计入个人工资薪金明细清单,视同个人购买,并自购买产品次月起,在不超过200元/月的标准内按月扣除。一年内保费金额超过2400元的部分,不得税前扣除。以后年度续保时,按上述规定执行。个人自行退保时,应及时告知扣缴单位。个人相关退保信息保险公司应及时传递给税务机关。
●取得工资薪金所得或连续性劳务报酬所得的个人,自行购买符合规定的商业健康保险产品的,应当及时向代扣代缴单位提供保单凭证。扣缴单位自个人提交保单凭证的次月起,在不超过200元/月的标准内按月扣除。一年内保费金额超过2400元的部分,不得税前扣除。以后年度续保时,按上述规定执行。个人自行退保时,应及时告知扣缴义务人。
●个体工商户业主、企事业单位承包承租经营者、个人独资和合伙企业投资者自行购买符合条件的商业健康保险产品,在不超过2400元/年的标准内据实扣除。一年内保费金额超过2400元的部分不得税前扣除。以后年度续保时,按上述规定执行</td></tr>
<tr><td>规定文件</td><td>关于将商业健康保险个人所得税试点政策推广到全国范围实施的通知(财税〔2017〕39号)</td><td>执行时间</td><td>2017-07-01</td></tr>
</table>

（八）残疾、孤老人员和烈属劳动所得个人所得税政策

文号	标题	内容摘要	执行时间
上海市财政局、国家税务总局上海市税务局沪财发〔2023〕1号	关于本市残疾、孤老人员和烈属实行劳动所得减征个人所得税政策的通知	●本市残疾、孤老人员和烈属取得劳动所得，在一个纳税年度内，全年减征个人所得税的税款以9600元为限额；不足9600元的，据实减征。本通知所称的劳动所得是指一个纳税年度内取得的综合所得和经营所得。 ●纳税人同时符合残疾、孤老人员和烈属两种以上身份的，选择其中一种身份享受减征优惠，不能重复享受；纳税人年度内同时取得综合所得和经营所得的，由纳税人选择一个所得类别享受减征税收优惠，两类所得不重复享受	2023-01-01至2025-12-31

二、企业所得税相关费用扣除

文号	标题	内容摘要	执行时间
中华人民共和国国务院令第512号	中华人民共和国企业所得税法实施条例	●企业发生的职工福利费支出，不超过工资薪金总额14%的部分，准予扣除。 ●企业拨缴的工会经费，不超过工资薪金总额2%的部分，准予扣除	2008-01-01
财政部、国家税务总局财税〔2018〕51号	关于企业职工教育经费税前扣除政策的通知	企业发生的职工教育经费支出，不超过工资薪金总额8%的部分，准予在计算企业所得税应纳税所得额时扣除；超过部分，准予在以后纳税年度结转扣除	2018-01-01
财政部、国家税务总局财税〔2009〕27号	关于补充养老保险费补充医疗保险费有关企业所得税政策问题的通知	为在本企业任职或者受雇的全体员工支付的补充养老保险费、补充医疗保险费，分别在不超过职工工资总额5%标准内的部分，在计算应纳税所得额时准予扣除；超过的部分，不予扣除	2008-01-01
国家税务总局公告2018年第52号	关于责任保险费企业所得税税前扣除有关问题的公告	企业参加雇主责任险、公众责任险等责任保险，按照规定交纳的保险费，准予在企业所得税税前扣除	2018-10-31

三、公益性捐赠税前扣除

<table>
<tr><th>条文主旨</th><th colspan="3">内容摘要</th></tr>
<tr><td>基本内容</td><td colspan="3">企业或个人通过公益性社会组织、县级以上人民政府及其部门等国家机关,用于符合法律规定的公益慈善事业捐赠支出,准予按税法规定在计算应纳税所得额时扣除</td></tr>
<tr><td>公益慈善事业范围</td><td colspan="3">●公益事业是指非营利的救助灾害、救济贫困、扶助残疾人等困难的社会群体和个人的活动;教育、科学、文化、卫生、体育事业;环境保护、社会公共设施建设;促进社会发展和进步的其他社会公共和福利事业。
●慈善活动,是指自然人、法人和其他组织以捐赠财产或者提供服务等方式,自愿开展的扶贫、济困;扶老、救孤、恤病、助残、优抚;救助自然灾害、事故灾难和公共卫生事件等突发事件造成的损害;促进教育、科学、文化、卫生、体育等事业的发展;防治污染和其他公害,保护和改善生态环境;其他公益活动</td></tr>
<tr><td>公益性社会组织</td><td colspan="3">包括依法设立或登记并按规定条件和程序取得公益性捐赠税前扣除资格的慈善组织、其他社会组织和群众团体</td></tr>
<tr><td rowspan="3">规定文件</td><td>财政部、税务总局、民政部关于公益性捐赠税前扣除有关事项的公告(财政部公告2020年第27号)</td><td rowspan="3">执行时间</td><td>2020-01-01</td></tr>
<tr><td>中华人民共和国公益事业捐赠法(中华人民共和国主席令第19号)</td><td>1999-09-01</td></tr>
<tr><td>中华人民共和国慈善法(中华人民共和国主席令第43号)</td><td>2016-09-01</td></tr>
</table>

四、残疾人就业保障金

<table>
<tr><th>条文主旨</th><th colspan="3">内容摘要</th></tr>
<tr><td>征收管理</td><td colspan="3">●用人单位将残疾人录用为在编人员或依法与就业年龄段内的残疾人签订劳动合同,并足额缴纳城镇职工社会保险的,方可计入用人单位所安排的残疾人就业人数。
●用人单位安排残疾人就业达不到规定比例的,应当缴纳保障金。保障金按年度一次性缴纳,计算公式如下:用人单位安排残疾人就业比例1%(含)以上的,保障金年缴纳额=(1.5%-残疾职工比例)×征缴基数×50%;用人单位安排残疾人就业比例1%以下的,保障金年缴纳额=(1.5%-残疾职工比例)×征缴基数×90%。上述计算方法自2020年征收2019年度保障金起执行三年。
●征缴基数是指用人单位上年度社会保险费缴费基数之和。残疾职工比例是指用人单位上年度实际安排的残疾职工平均人数占本单位在职职工平均人数的比例。用人单位在职职工是指用人单位在编人员或者依法与用人单位签订劳动合同的人员。季节性用工应当折算为年平均用工人数。以劳务派遣用工的,计入社会保险实际缴纳单位在职职工人数。
●市和区社保经办机构,对用人单位在职参保缴费职工人数、用人单位上年度社会保险费缴费基数之和进行核定,本人上一年度月平均工资收入高于上一年度全市职工月平均工资收入200%以上的部分不计入缴费基数。
●残疾人就业超过国家和本市规定比例的用人单位,经市和区残疾人就业服务机构核定后,可免缴残疾人就业保障金,并按规定给予奖励。奖励标准为每多安排一名残疾人,按上一年度本市职工月平均工资与城镇职工社会保险单位缴费比例(下限)之积的3倍给予奖励,用人单位超比例人数按实计算(小数点后保留2位)</td></tr>
<tr><td>征收暂免</td><td colspan="3">自2020年征收2019年度保障金起三年内,对在职职工总数30人(含)以下的企业,暂免征收残保金</td></tr>
<tr><td rowspan="2">规定文件</td><td>上海市残疾人就业保障金征收使用管理实施办法(沪财发〔2020〕9号)</td><td rowspan="2">执行时间</td><td>2020-09-01</td></tr>
<tr><td>关于实施《上海市残疾人就业保障金征收使用管理实施办法》有关问题的通知(财社〔2018〕34号)</td><td>2018-01-01</td></tr>
</table>

第三十一章　职工培训

一、职工教育培训经费

文　号	标　题	内　容　摘　要	执行时间
上海市人民代表大会常务委员会公告第32号	上海市终身教育促进条例	企业用于一线职工的培训经费所占比例，应当高于职业培训经费总额的60%，并每年将经费使用情况向职工代表大会汇报	2011-05-01

二、企业职工职业培训补贴

条文主旨	内　容　摘　要		
使用对象和范围	●使用对象：专项资金用于企业职工职业培训补贴的对象主要为本市各类企业职工。 ●使用范围：市财政通过转移支付下达各区的专项资金主要用于对本市各类企业的职工职业培训实施经费补贴。职业培训内容包括职业技能、专业技术、岗位能力、综合素质和学力提升培训		
企业申请条件	●根据企业职工职业培训需求制定年度培训计划，并有能力自行组织内训或委托开展职工职业培训。 ●按规定提取和使用职工教育经费，重点用于一线职工的职业培训。 ●年度培训计划经企业职工代表大会审议通过，职工教育经费和专项资金使用情况向企业职工代表大会报告并接受监督（对承诺建立工会组织的企业，年度培训计划以及职工教育经费和专项资金使用情况应在企业内公示无异议）		
受理审核	符合条件的企业按不同培训需求，通过全市统一的职工职业培训信息系统，分别向税收征管关系所在区的人力资源社会保障部门、教育部门、总工会提出自行开展职工职业培训的申请		
补贴金额	●对企业开展职工内训实施定额补贴，补贴标准为每人每个项目600元（随经济社会发展和物价水平变化适时调整）。 ●对企业自行委托公布名单内的培训机构开展职工职业培训的，补贴额度按其实际支付培训费用的60%－80%核定（其中，本市重点行业企业、科技型中小企业，或符合区域产业发展定位的重点企业，补贴比例最高可设定为80%）。 ●每人每年补贴一般不超过3次。 ●企业不得就同一名职工、相同的培训项目重复申请培训补贴		
规定文件	关于各区使用地方教育附加专项资金开展职工职业培训工作的指导意见（沪人社职〔2021〕51号）	执行时间	2021-04-01

三、职业技能培训补贴

条文主旨	内容摘要		
培训补贴范围	纳入培训补贴范围的项目以目录的形式确定,分为本市经济社会发展紧缺急需的培训项目以及其他培训项目两大类,并定期向社会公布		
培训补贴对象	本市户籍、在法定劳动年龄段内的以下对象可按规定享受培训补贴: 1.失业人员、协保人员和原农村富余劳动力; 2.在职从业人员(含本市户籍的灵活就业人员、非正规就业劳动组织从业人员等); 3.本市中等职业学校和高等院校的毕业学年学生; 4.退役士兵、残疾人、服刑、戒毒人员等经认定的人员		
培训补贴标准	补贴对象在补贴培训实施机构参加纳入补贴培训目录的培训项目,考核鉴定合格的,按以下比例享受培训补贴: 1类对象参加补贴培训目录内的培训项目,可按规定的补贴标准享受100%培训补贴。 2类对象参加补贴培训目录内紧缺急需的培训项目,可按规定的补贴标准享受80%培训补贴;参加补贴培训目录内其他培训项目,可按规定的补贴标准享受60%培训补贴。 3类对象参加补贴培训目录内中级或单项技术类专项职业能力项目鉴定且合格的,可按规定的补贴标准享受考核鉴定费补贴;其中,高等院校毕业学年学生参加补贴培训目录内紧缺急需的中级以上或单项技术类专项职业能力的培训项目,可按规定的补贴标准享受80%培训补贴;参加补贴培训目录内其他中级以上或单项技术类专项职业能力的培训项目,可按规定的补贴标准享受60%培训补贴。 4类对象中退役士兵在退役后五年内参加补贴培训目录内的培训项目,残疾人参加补贴培训目录内的培训项目,服刑、戒毒人员回归社会前经所在监狱、戒毒所批准参加补贴培训目录内经认定的培训项目,可按规定的补贴标准享受100%培训补贴。其他经认定的人员按相关规定享受培训补贴		
培训补贴可以一年多次	劳动者可根据需要自主选择培训项目参加补贴培训,但原则上在上一个培训项目结束后,方可参加下一个培训项目。对实行模块化培训的项目,劳动者在培训安排互不冲突的情况下,可同时参加同一项目不同模块的补贴培训		
鉴定不合格的补贴规定	补贴对象参加补贴培训目录内高级以下或专项职业能力的培训项目,鉴定不合格的,不予补贴;参加补贴培训目录内技师、高级技师培训项目,鉴定不合格的,按照鉴定合格可享受培训补贴的50%予以补贴		
规定文件	上海市人力资源和社会保障局、财政局关于印发《上海市社会化职业技能培训补贴管理办法》的通知(沪人社职发〔2016〕55号)	执行时间	2017-04-01 至 2027-03-31

四、职业技能提升补贴

条文主旨	内　容　摘　要
补贴对象	●本市户籍、在法定劳动年龄段内的以下对象可享受职业技能提升补贴： 1. 与本市用人单位建立劳动关系、参加本市城镇职工社会保险并处于缴费状态的就业人员(以下简称在职人员)； 2. 灵活就业登记或以灵活就业身份参加本市城镇职工社会保险的人员(以下简称灵活就业人员)； 3. 残疾人、退役五年内的退役士兵； 4. 经市人力资源社会保障部门公示的就业困难人员(以下简称就业困难人员)； 5. 本市中等职业学校和高等院校的毕业学年学生； 6. 失业人员、协保人员、原农村富余劳动力，以及未进行就业失业登记的其他人员。 ●外省市户籍在本市就业的在职人员，参照本市户籍在职人员享受职业技能提升补贴；外省市户籍在本市中等职业学校和高等院校就读的毕业学年学生，参照本市户籍毕业学年学生享受职业技能提升补贴
补贴项目	●列入人力资源社会保障部公布的国家职业资格目录，按规定由本市行业主管部门或其授权单位组织实施，经本市相关行业主管部门会商市人力资源社会保障部门、市财政部门后予以发布，且证书信息在上海市人力资源和社会保障局官方网站中可查询的技能人员国家职业资格证书纳入职业技能提升补贴项目范围。 ●经本市人力资源社会保障部门备案的职业技能等级认定项目，由经本市人力资源社会保障部门备案的评价机构按规定组织实施，且证书信息在上海市人力资源和社会保障局官方网站中可查询的职业技能等级证书纳入职业技能提升补贴项目范围
补贴条件	补贴对象范围内的劳动者参加上述补贴项目的职业技能评价，并取得相应职业资格证书或职业技能等级证书(以下简称“职业技能证书”)后，可申请职业技能提升补贴

续表

条文主旨	内　容　摘　要		
补贴标准	●根据劳动者取得职业技能等级证书的不同等级，补贴标准分别为初级工（五级）1500元/人，中级工（四级）2000元/人，高级工（三级）2500元/人，技师（二级）3000元/人，高级技师（一级）3500元/人，不区分等级的职业资格证书为1000元/人。 ●补贴对象范围内的在职人员按补贴标准的80%享受职业技能提升补贴；高等院校毕业学年学生在毕业学年取得中级及以上职业技能证书，按补贴标准的80%享受职业技能提升补贴；中等职业学校毕业学年学生在毕业学年取得职业技能证书，按补贴标准的80%享受1次职业技能提升补贴；本市户籍残疾人、退役五年内的退役士兵，以及灵活就业人员、就业困难人员、失业人员、协保人员、原农村富余劳动力、未进行就业失业登记的其他人员按补贴标准享受100%职业技能提升补贴		
补贴申请	劳动者按规定参加职业技能评价，并取得职业技能证书的，可自证书颁发之日起12个月内，通过“上海人社”App或各区就业促进中心窗口申请职业技能提升补贴		
其他管理规定	●同一职业（工种）同一等级只可申请一次补贴。劳动者已享受过相关职业（工种）等级补贴的，不可再次享受该职业（工种）等级及以下等级的职业技能提升补贴。 ●劳动者通过企业直接认定、竞赛晋升或表彰取得的职业技能证书，不可申请职业技能提升补贴。公务员、事业单位从事非技能岗位的从业人员参加技能评价取得的职业技能证书，不可申请职业技能提升补贴。 ●除各区使用地方教育附加专项资金实施的企业职工培训、线上职业培训补贴外，各类培训项目原则上每人每年可享受不超过3次职业培训补贴或职业技能提升补贴		
规定文件	上海市人力资源和社会保障局、上海市财政局关于本市劳动者申领职业技能提升补贴有关事项的通知（沪人社规〔2022〕17号）	执行时间	2022-06-01 至 2027-05-31

第三十二章 就业创业扶持和特殊人员就业

一、企业申请稳定岗位补贴政策

<table>
<tr><th>条文主旨</th><th colspan="3">内　　容　　摘　　要</th></tr>
<tr><td>稳岗补贴对象范围</td><td colspan="3">●凡生产经营活动符合国家及本市产业结构调整政策和环保政策、依法参加失业保险并足额缴纳失业保险费、上年度未裁员或裁员率低于本市上年度城镇登记失业率、财务制度健全管理运行规范的本市企业、民办非企业、社会团体等用人单位，均可申请享受稳岗补贴。
对于上年度社会保险参保缴费时间满一年的用人单位，上年度裁员率＝1－(上年度12月失业保险参保人数＋上年度自然减员人数)/上上年度12月失业保险参保人数。
对于上年度社会保险参保缴费时间不满一年的用人单位，上年度裁员率＝1－(上年度12月失业保险参保人数＋上年度自然减员人数)/上年度失业保险参保首月的参保人数。
●本市因生产经营遇到暂时性困难未能按时足额缴纳失业保险费，但符合前述其他条件的用人单位，在补缴欠费后，也可申请享受稳岗补贴。
●对不符合产业发展方向、技术落后、没有市场前景、生产经营恢复无望的“僵尸企业”，不符合国家及本市环保法规和相关政策的企业，以及根据国家发展改革委、人力资源和社会保障部等部门签署的联合奖惩备忘录确定的各类严重违法失信企业等失信责任主体，不予发放稳岗补贴</td></tr>
<tr><td>发放标准及渠道</td><td colspan="3">稳岗补贴标准为用人单位及其职工上年度实际缴纳失业保险费总额的50%，所需资金从失业保险基金中列支。相关补贴发放至用人单位社会保险缴费卡账户</td></tr>
<tr><td>发放流程</td><td colspan="3">●稳岗补贴“当月申请、次月发放”，用人单位可在每年3月(含)之后的每月5日至25日间以参保单位为主体，凭“法人一证通”通过上海市人力资源社会保障网网上办事企业自助经办平台办理当年补贴申请手续，也可到各区人力资源社会保障部门经办窗口办理相关手续。
●用人单位社会保险缴费地的区人力资源社会保障部门对用人单位依法参保缴费情况、裁员情况、稳岗补贴金额等进行网上审核。审核通过的，在上海市人力资源社会保障网和上海市人力资源社会保障局微信公众号上进行不少于5天的公示；审核不通过的，区人力资源社会保障部门应及时告知原因。
●公示通过后，各区人力资源社会保障部门按照失业保险基金拨付管理规定，于审核通过的次月20日前委托银行将补贴资金划入用人单位的社会保险缴费账户</td></tr>
<tr><td>规定文件</td><td>上海市人力资源和社会保障局关于实施失业保险援企稳岗“护航行动”的通知(沪人社规〔2018〕20号)</td><td>执行时间</td><td>2018-05-01
至
2025-12-31</td></tr>
</table>

二、吸纳“就业困难人员”用人单位补贴

条文主旨	内　容　摘　要
“就业困难人员”认定标准	●“就业困难人员”主要是指法定劳动年龄段内有一定劳动能力且就业愿望迫切，但因自身就业条件差而难以实现市场化就业，连续处于实际失业状态6个月以上的下列本市户籍人员： 1. 大龄失业人员(男性年满45周岁、女性年满40周岁)、协保人员、16周岁以上(不含在校学生)，拥有土地承包经营权，以家庭为单位将土地经营权流转给集体经济组织，纳入本市农村土地承包经营信息管理系统，流转期在5年以上的本市户籍离土农民； 2. 零就业家庭成员； 3. 低收入困难家庭成员或享受最低生活保障家庭成员(低收入困难家庭的认定标准详见本书第101页)； 4. 中度及以上残疾、部分丧失劳动能力的人员或一户多残家庭成员； 5. 大龄或领取生活费补贴期满的被征地人员； 6. 缺乏工作经验，处于实际失业状态1年以上，且经公共就业服务机构服务半年以上，多次推荐就业岗位仍未实现就业的35岁以下青年； 7. 刑满释放、戒毒康复等有特殊困难的其他人员。 ●对满足以上除“连续处于实际失业状态6个月以上”的其他条件，但就业确有特殊困难的人员，可在总量控制的前提下，经区人力资源社会保障局审核同意，认定为“就业困难人员”。 ●担任企业法定代表人、董事、监事等管理人员的，不得认定为“就业困难人员”。认定为“就业困难人员”后担任企业法定代表人、董事、监事、经理等管理人员的，应取消“就业困难人员”身份
用人单位吸纳“就业困难人员”补贴条件、标准和期限	●本市企事业单位、社会团体、民办非企业、个体工商户等用人单位(劳务派遣公司除外)吸纳经认定的“就业困难人员”，签订1年以上劳动合同并按时足额缴纳社会保险费的，可按规定申请补贴。其中，吸纳的“就业困难人员”属于协保人员的，可申请按月享受岗位补贴；吸纳的“就业困难人员”属于其他人员的，可申请按月享受岗位补贴和社会保险费补贴。 ●岗位补贴的标准为本市月最低工资标准的50%，社会保险费补贴标准为以缴费当月职工社会保险缴费基数的下限作为基数计算的养老、医疗和失业保险缴费额中用人单位承担部分的50%

续表

条文主旨	内　　容　　摘　　要		
用人单位吸纳“就业困难人员”补贴条件、标准和期限	●对于同一名“就业困难人员”，上述补贴与本意见出台前用人单位享受的一次性补贴的期限累计一般不超过3年，补贴期满且该“就业困难人员”距法定退休年龄不足2年的，补贴期限最长可延长至该“就业困难人员”到达法定退休年龄。 ●“就业困难人员”享受补贴期满的，取消“就业困难人员”身份		
规定文件	上海市人力资源和社会保障局、上海市财政局、上海市民政局、上海市残疾人联合会关于进一步做好本市就业援助工作的若干意见(沪人社规〔2022〕8号)	执行时间	2022-01-01 至 2026-12-31

三、“就业困难人员”灵活就业社会保险费补贴和就业岗位补贴

条文主旨	内　　容　　摘　　要
补贴对象	“就业困难人员”认定标准详见本书第189页
“就业困难人员”灵活就业社会保险费补贴标准和期限	●鼓励有一定能力的“就业困难人员”通过灵活就业的方式实现就业。经认定的“就业困难人员”实现灵活就业并按时足额缴纳社会保险费的，可按规定申请社会保险补贴。补贴标准为按照以缴费当月职工社会保险缴费基数的下限作为缴费基数计算的应缴社会保险费的50%，补贴期限除对距法定退休年龄不足5年的可延长至退休外，同一名“就业困难人员”累计最长不超过3年。 ●“就业困难人员”享受灵活就业社会保险费补贴期满的，取消“就业困难人员”身份
大龄失业人员灵活就业岗位补贴	距法定退休年龄3年或不足3年的大龄失业人员或大龄离土农民，符合领取失业保险金(含延长领取失业保险金)条件，实现灵活就业并参加本市城镇职工基本养老、医疗保险的，可申请就业岗位补贴，补贴标准为当月本市企业职工最低工资标准的50%，直至其达到法定退休年龄为止
规定文件	上海市人力资源和社会保障局、上海市财政局、上海市民政局、上海市残疾人联合会关于进一步做好本市就业援助工作的若干意见(沪人社规〔2022〕8号)，上海市人力资源和社会保障局、上海市财政局关于进一步做好灵活就业人员就业创业工作有关事项的通知(沪人社规〔2021〕28号)

四、吸纳重点群体就业一次性吸纳就业补贴

条文主旨	内容摘要		
补贴对象	自2023年1月1日至12月31日期间，吸纳在本市登记失业3个月及以上人员或本市2023届高校毕业生就业，并签订1年及以上劳动合同，按规定缴纳社会保险费的本市企业、社会组织和个体工商户等用人单位		
补贴标准	补贴标准为2000元/人，吸纳同一名失业人员或高校毕业生只能享受1次就业补贴		
补贴原则	●专门承担公益性岗位安置职能的用人单位不属于本通知的补贴对象范围。 ●各劳务派遣公司应遵循公平、诚信原则，与劳务派遣用工单位协商使用补贴资金		
规定文件	上海市人力资源和社会保障局、上海市财政局、上海市教育委员会关于给予本市相关用人单位一次性吸纳就业补贴的通知（沪人社规〔2023〕2号）	执行时间	2023-03-07 至 2023-12-31

五、吸纳大学生就业一次性扩岗补贴

条文主旨	内容摘要		
补贴对象	对招用2023届及离校两年内未就业普通高校毕业生、登记失业的16—24岁青年，签订劳动合同并为其缴纳失业、工伤、职工养老保险费1个月以上的企业		
补贴标准	对符合条件的企业，可按每招用1名毕业生补贴1500元的标准享受一次性扩岗补助		
补贴原则	●1名上述人员的就业参保信息和身份只能由一户企业用于享受一次性扩岗补助，不能重复使用。 ●一次性扩岗补助和一次性吸纳就业补贴政策不能重复享受		
规定文件	人力资源社会保障部、教育部、财政部关于延续实施一次性扩岗补助政策有关工作的通知（人社部发〔2023〕37号）	执行时间	2023-06-25 至 2023-12-31

六、青年大学生就业、创业社会保险补贴

补贴分类	适用对象	补贴标准	补贴期限
离校未就业高校毕业生灵活就业社会保险补贴	离校2年内未就业高校毕业生在本市初次就业为灵活就业，并参加本市城镇职工基本养老、医疗保险的	按照缴费当月职工社会保险缴费基数的下限作为缴费基数计算的社会保险费的50%	参加本市城镇职工基本养老、医疗保险的实际月数，累计不超过24个月
初创期创业组织社会保险费补贴	本市户籍劳动者，以及持有《上海市居住证》《港澳台居民居住证》《上海市海外人才居住证》或办理留学人员来沪创办企业享受优惠资格认定的非本市户籍劳动者，在本市新创办的小微企业、个体工商户、农民合作社、民办非企业单位等创业组织，吸纳劳动者就业满6个月后，可按吸纳本市劳动者人数申请社会保险补贴	小微企业、个体工商户、民办非企业单位等创业组织，按缴费当月职工社会保险缴费基数的下限作为基数计算的养老、医疗和失业保险缴费额中用人单位承担部分50%的标准给予补贴 农民合作社集体参保，按缴费当月职工社会保险缴费基数的下限作为缴费基数计算的养老和医疗保险缴费额50%的标准给予补贴	每个创业组织每月补贴人数以8人为限，补贴期限不超过注册登记之日起的36个月，同一名法定代表人或负责人创办的创业组织只能享受一次该项社会保险费补贴政策
规定文件	上海市人力资源和社会保障局、上海市财政局关于进一步做好灵活就业人员就业创业工作有关事项的通知（沪人社规〔2021〕28号），上海市人力资源和社会保障局、财政局、市教育委员会关于进一步完善本市创业扶持政策举措的通知（沪人社规〔2023〕1号）		

七、农民就业补贴

补贴分类	适用人群	补贴标准	补贴期限
低收入农户专项就业补贴	在法定劳动年龄段内实现就业(就业援助基地安置就业除外),并按规定办理就业登记备案手续和缴纳社会保险费的低收入困难家庭或享受最低生活保障家庭中的本市农民(即指本市原农业户籍人员,含被征地人员,下同)	补贴所需资金由市、区两级共同承担。市级补贴标准为每人每月210元;各区配套补贴标准由各区自行确定	每人享受补贴的期限最长不超过24个月
农民跨区就业补贴	实现跨区就业(在户籍地所在区之外的区就业),与用人单位(劳务派遣公司、就业援助基地除外)签订一年以上劳动合同,按规定办理用工登记备案手续和缴纳社会保险费,且月缴费基数低于当年本市职工基本保险最低月缴费基数1.2倍的本市郊区(浦东新区、闵行区、嘉定区、宝山区、青浦区、松江区、金山区、奉贤区和崇明区)农民	补贴所需资金由市、区两级共同承担。市级补贴标准为每人每月210元;各区配套补贴标准由各区自行确定	每人享受补贴的期限最长不超过36个月
备　注	低收入农户就业补贴和农民跨区就业补贴不能同时享受		
规定文件	关于进一步做好本市农民就业创业工作的通知(沪人社规〔2019〕35号)	执行时间	2019-10-01至2024-09-30

八、退休返聘等人员的用工关系处理

文　号	标　题	内　容　摘　要	执行时间
最高人民法院法释〔2020〕26号	关于审理劳动争议案件适用法律问题的解释(一)	●用人单位与其招用的已经依法享受养老保险待遇或者领取退休金的人员发生用工争议而提起诉讼的,人民法院应当按劳务关系处理。 ●企业停薪留职人员、未达到法定退休年龄的内退人员、下岗待岗人员以及企业经营性停产放长假人员,因与新的用人单位发生用工争议而提起诉讼的,人民法院应当按劳动关系处理	2021-01-01

第三十三章　相关人力资源政策

一、就业创业见习补贴

<table>
<tr><td>条文主旨</td><td colspan="3">内　容　摘　要</td></tr>
<tr><td>见习的界定与对象</td><td colspan="3">●见习是指为提升青年就业创业能力，组织青年到政府确定的见习基地的特定岗位进行实践锻炼的一项就业或创业准备活动，分为就业见习和创业见习。
●符合下列条件之一的青年，可到区人力资源社会保障部门申请参加见习：
1. 年龄在16至35岁的本市户籍未就业人员；
2. 参加见习计划的本市高等学校和中等职业学校全日制毕业学年学生；
3. 本市高等学校及中等职业学校离校2年内未就业的全日制毕业生。
●见习对象不得同时参加就业见习和创业见习，且在同一见习基地仅能参加一次见习。见习对象参加见习期间不列入失业统计范围，与见习基地或见习岗位所在单位不建立劳动关系</td></tr>
<tr><td>见习期限</td><td colspan="3">见习期限一般为1—12个月。毕业学年学生原则上应在毕业前完成见习</td></tr>
<tr><td>见习补贴的范围与标准</td><td colspan="3">●见习学员生活费：每月补贴标准为当年本市城镇职工月最低工资标准的80%，各区可根据实际情况酌情配套补贴。原则上每名见习学员每自然月见习出勤不少于12个工作日。实行综合工时的见习基地可按综合工时制计算见习出勤工作日，出勤天数不得跨自然月累计计算。
●见习带教费：每带教1名学员每月补贴标准为当年本市城镇职工月最低工资标准的30%，补贴发放至提供带教服务的见习基地或外派单位银行账户。
●见习一次性代缴费：直接提供就业见习岗位的就业见习基地及外派单位，与区人力资源社会保障部门推荐的见习学员签订1年及以上劳动合同并办理用工登记手续、依法缴纳社会保险费满3个月，可按实际留用人数给予每人5000元的一次性带教费补贴。经创业见习基地跟踪帮扶，见习学员在见习结束后1年内实现创业并带动1人以上就业且缴纳社会保险费满3个月的，按照实际成功创业人数给予基地每人5000元的一次性带教费补贴。
●市人力资源社会保障部门负责为见习学员统一购买综合保险，用于保障见习学员参加见习时发生的人身伤害以及造成的第三方损失</td></tr>
<tr><td>规定文件</td><td>上海市人力资源和社会保障局 上海市财政局 上海市教育委员会关于进一步加强本市青年就业创业见习工作的通知（沪人社规〔2021〕29号）</td><td>执行时间</td><td>2021-11-01
至
2026-10-31</td></tr>
</table>

二、高等学校学生勤工助学和职业学校学生实习

条文主旨	内　容　摘　要
高等学校学生勤工助学	●不得组织学生参加有毒、有害和危险的生产作业以及超过学生身体承受能力、有碍学生身心健康的劳动。 ●校外勤工助学酬金标准不应低于学校当地政府或有关部门规定的最低工资标准，由用人单位、学校与学生协商确定，并写入聘用协议
职业学校学生实习	●实习单位应当合理确定岗位实习学生占在岗人数的比例，岗位实习学生的人数一般不超过实习单位在岗职工总数的10%，在具体岗位实习的学生人数一般不高于同类岗位在岗职工总人数的20%。 ●学生在实习单位的岗位实习时间一般为6个月，具体实习时间由职业学校根据人才培养方案安排。 ●学生参加岗位实习前，职业学校、实习单位、学生三方必须以有关部门发布的实习协议示范文本为基础签订实习协议，并依法严格履行协议中有关条款。未按规定签订实习协议的，不得安排学生实习。 ●职业学校和实习单位要依法保障实习学生的基本权利，并不得有以下情形： 1. 安排、接收一年级在校学生进行岗位实习； 2. 安排、接收未满16周岁的学生进行岗位实习； 3. 安排未成年学生从事《未成年工特殊保护规定》中禁忌从事的劳动； 4. 安排实习的女学生从事《女职工劳动保护特别规定》中禁忌从事的劳动； 5. 安排学生到酒吧、夜总会、歌厅、洗浴中心、电子游戏厅、网吧等营业性娱乐场所实习； 6. 通过中介机构或有偿代理组织、安排和管理学生实习工作； 7. 安排学生从事Ⅲ级强度及以上体力劳动或其他有害身心健康的实习。 ●除相关专业和实习岗位有特殊要求，并事先报上级主管部门备案的实习安排外，实习单位应遵守国家关于工作时间和休息休假的规定，并不得有以下情形： 1. 安排学生从事高空、井下、放射性、有毒、易燃易爆，以及其他具有较高安全风险的实习； 2. 安排学生在休息日、法定节假日实习； 3. 安排学生加班和上夜班

续表

<table>
<tr><td>条文主旨</td><td colspan="4">内容摘要</td></tr>
<tr><td>职业学校学生实习</td><td colspan="4">●接收学生岗位实习的实习单位，应当参考本单位相同岗位的报酬标准和岗位实习学生的工作量、工作强度、工作时间等因素，给予适当的实习报酬。在实习岗位相对独立参与实际工作、初步具备实践岗位独立工作能力的学生，原则上应不低于本单位相同岗位工资标准的80%或最低档工资标准，并按照实习协议约定，以货币形式及时、足额、直接支付给学生，原则上支付周期不得超过1个月，不得以物品或代金券等代替货币支付或经过第三方转发。
●职业学校和实习单位应当根据法律、行政法规，为实习学生投保实习责任保险。鼓励实习单位为实习学生购买意外伤害险，投保费用可从实习单位成本(费用)中列支。
●学生在实习期间受到人身伤害，属于保险赔付范围的，由承保保险公司按保险合同赔付标准进行赔付；不属于保险赔付范围或者超出保险赔付额度的部分，由实习单位、职业学校、学生依法承担相应责任</td></tr>
<tr><td rowspan="2">规定文件</td><td colspan="2">教育部、财政部关于印发《高等学校勤工助学管理办法(2018年修订)》的通知(教财〔2018〕12号)</td><td rowspan="2">执行时间</td><td>2018-08-20</td></tr>
<tr><td colspan="2">教育部等八部门关于印发《职业学校学生实习管理规定》的通知(教职成〔2021〕4号)</td><td>2021-12-31</td></tr>
</table>

三、无偿献血规定

文号	标题	内容摘要	执行时间
中华人民共和国主席令第93号	中华人民共和国献血法	●国家提倡18周岁至55周岁的健康公民自愿献血。 ●国家机关、军队、社会团体、企业事业组织、居民委员会、村民委员会，应当动员和组织本单位或者本居住区的适龄公民参加献血。 ●对献血者，发给国务院卫生行政部门制作的无偿献血证书，有关单位可以给予适当补贴。 ●血站对献血者每次采集血液量一般为200毫升，最多不得超过400毫升，两次采集间隔不少于6个月	1998-10-01
上海市人民代表大会常务委员会公告第6号	上海市献血条例	卫生行政部门对未能完成年度献血计划的单位，可以发出限期完成献血计划通知书；逾期仍未完成献血计划的，可以按照未完成计划献血量等量用血费的5倍，对其征收献血补偿金	1998-10-01 2010-09-17修正

第三十四章 附 录

一、发文单位说明

国发	国务院
劳总	国家劳动总局
劳社部发	国家劳动和社会保障部
国税发	国家税务总局
沪府发	上海市人民政府
沪府办发	上海市人民政府办公厅
沪劳外发	上海市劳动和社会保障局(国际合作处)
沪劳关发	上海市劳动和社会保障局(劳动关系处)
沪劳保综发	上海市劳动和社会保障局(综合计划与工资处)
沪劳保养发	上海市劳动和社会保障局(养老保险处)
沪劳保福发	上海市劳动和社会保障局(福利保险处)
沪劳保就发	上海市劳动和社会保障局(就业处)
沪劳保技	上海市劳动和社会保障局(职业技能开发处)
沪劳保基发	上海市劳动和社会保障局(基金监督处)
沪医保	上海市医疗保险局
沪教委	上海市教育委员会
沪卫计委	上海市卫生和计划生育委员会
沪残联	上海市残疾人联合会
沪人社规	上海市人力资源和社会保障局
沪民规	上海市民政局
沪工总	上海市总工会

二、劳动保障办事网点

(一)市劳动保障办事网点

名　　称	联系地址	邮编	电话
上海市人力资源和社会保障局	世博村路300号	200125	23111111
上海市就业促进中心	天山路1800号	200051	62748577
上海市职业技能鉴定中心	天山路1800号	200051	62748577
上海市劳动保障宣传教育中心	天山路1800号	200051	62748577
上海市人力资源和社会保障局信息中心	天山路1800号	200051	62748577
上海市社会保险事业基金结算管理中心	中山南路865号A楼	200011	12333
上海市社会保险事业管理中心	中山南路865号A楼	200011	63650432
上海市劳动能力鉴定中心	西乡路188号	200065	31013000
上海市人力资源和社会保障局执法总队	西乡路188号	200065	31013000
上海市劳动人事争议仲裁委员会	西乡路188号	200065	31013000
上海市劳动能力鉴定委员会	西乡路188号	200065	31013000
上海市外国人来华工作服务中心	中山西路1525号技贸大厦1楼	200235	8008205114

(二)各区人力资源和社会保障局

名 称	联系地址	邮编	电话
黄浦区人力资源和社会保障局	延安东路 300 号	200001	33134800
徐汇区人力资源和社会保障局	南宁路 969 号 6 楼	200030	64473889
长宁区人力资源和社会保障局	长宁路 599 号 7 楼	200050	22050738
普陀区人力资源和社会保障局	大渡河路 1668 号 3 号楼 9 楼	200333	52564588
静安区人力资源和社会保障局	大统路 480 号 18—19 楼	200070	66313267
虹口区人力资源和社会保障局	飞虹路 518 号 2 号楼 5 楼	200086	25015508
杨浦区人力资源和社会保障局	惠民路 800 号	200082	25032626
闵行区人力资源和社会保障局	莘北路 168 号	201100	33883995
宝山区人力资源和社会保障局	友谊路 15 号 6 号楼	201900	36516888
浦东新区人力资源和社会保障局	锦安东路 475 号 3 号楼	200120	20742666
嘉定区人力资源和社会保障局	金沙路 28 号 1 楼	201899	59534035
松江区人力资源和社会保障局	荣乐东路 2378 号	201613	67848665
金山区人力资源和社会保障局	板桥东路 900 号 1 号楼	200540	37316006
青浦区人力资源和社会保障局	青舟路 220 号	201700	33868782
奉贤区人力资源和社会保障局	南桥镇南奉公路 9501 号	201400	67199559
崇明区人力资源和社会保障局	崇明大道 8188 号行政办公中心 3 号楼 6 楼	202150	69693163

(三)上海市社会保险事业管理中心各区分中心

名　　称	联系地址	邮编	电话
黄浦分中心	陆家浜路 265 号	200011	12333
徐汇分中心	徐虹北路 80 号	200030	
长宁分中心	天山路 38 号	200336	
普陀分中心	武宁路 1032 号	200063	
静安分中心	沪太路 711 号	200072	
	梅园路 77 号	200070	
虹口分中心	曲阳路 179 号	200081	
杨浦分中心	江浦路 736 号	200082	
闵行分中心	莘庄镇莘松路 385 号	201199	
宝山分中心	淞兴路 309 号	200940	
浦东分中心	浦东南路 3993 号	200126	
	惠南镇拱极路 3623 号(惠南)	201399	
	妙境路 1336 号 2 楼(川沙)	201205	
	新金桥路 230 号 5 号楼(金桥)	201206	
	高桥镇季景路 37 号(高桥)	201137	
嘉定分中心	博乐路 69 号	201899	
松江分中心	荣乐中路 248 号	201699	
金山分中心	卫零路 357 号	200540	
	朱泾镇健康路 271 号(朱泾)	201599	
青浦分中心	公园路 200 号	201799	
奉贤分中心	南桥镇人民南路 156 号	201499	
崇明分中心	城桥镇人民路 207 号	202150	

(四)各区劳动人事争议仲裁院

名 称	联系地址	邮编	电话
黄浦区劳动人事争议仲裁院	中山南一路 555 号	200011	63138112
徐汇区劳动人事争议仲裁院	虹桥路 432 号	200030	64388088
长宁区劳动人事争议仲裁院	威宁路 410 号 3 楼	200336	62625700
普陀区劳动人事争议仲裁院	志丹路 8 号 2 楼	200062	66111905
静安区劳动人事争议仲裁院	柳营路 291 号	200072	56906151
虹口区劳动人事争议仲裁院	祥德路 468 号	200092	65753467
杨浦区劳动人事争议仲裁院	长阳路 2467 号 22 号楼	200090	65812155
闵行区劳动人事争议仲裁院	莘东路 505 号 1 楼	201101	96999510
宝山区劳动人事争议仲裁院	友谊路 15 号 6 号楼北门(县前街)	201900	56108351
浦东新区劳动人事争议仲裁院	浦建路 1619 号	201204	68812333
	康沈路 858 弄 3 楼、4 楼(康桥)	201315	20979363
	惠南镇跃进路 14 号(惠南)	201399	58023185
	云山路 1080 弄综合办公楼 8 楼(金桥)	200136	50755200
	川沙镇妙境路 1336 号 4 楼、6 楼(川沙)	201299	68397052
嘉定区劳动人事争议仲裁院	金沙路 28 号	201800	59529012
松江区劳动人事争议仲裁院	乐都西路 867 — 871 号 2 号楼 2 楼	201620	57716528
金山区劳动人事争议仲裁院	板桥东路 900 号 2 号楼	200540	57922304
青浦区劳动人事争议仲裁院	盈贺路 115 号	201707	39295277
奉贤区劳动人事争议仲裁院	南桥镇沪杭公路 2142 号 3 楼	201400	67196646
崇明区劳动人事争议仲裁院	城桥镇朝阳门路 11 号总工会大厦 3 楼	202150	69693336

(五)各区人力资源社会保障局执法大队

名　　称	联系地址	邮编	电话
黄浦区人力资源和社会保障局执法大队	车站支路 87 号	200011	12333
徐汇区人力资源和社会保障局执法大队	虹桥路 432 号 1 楼大厅	200032	
长宁区人力资源和社会保障局执法大队	仙霞路 777 号 2—3 楼	200336	
普陀区人力资源和社会保障局执法大队	交通路 2315 号 2 号楼 3 楼	200063	
静安区人力资源和社会保障局执法大队	沪太路 707 号	200072	
虹口区人力资源和社会保障局执法大队	玉田路 222 号北楼 2 楼	200081	
杨浦区人力资源和社会保障局执法大队	长阳路 2467 号 11 号楼 2 楼	200082	
闵行区人力资源和社会保障局执法大队	莘东路 505 号 1 楼	201100	
宝山区人力资源和社会保障局执法大队	铁通路 499 号	201901	
浦东新区人力资源和社会保障局执法大队	浦建路 1619 号	201204	
嘉定区人力资源和社会保障局执法大队	金沙路 28 号东楼	201800	
松江区人力资源和社会保障局执法大队	荣乐东路 2378 号	201613	
金山区人力资源和社会保障局执法大队	板桥东路 900 号 2 号楼	201540	
青浦区人力资源和社会保障局执法大队	盈贺路 133 号	201700	
奉贤区人力资源和社会保障局执法大队	南桥镇沪杭公路 2142 号 4 楼	201400	
崇明区人力资源和社会保障局执法大队	城桥镇朝阳门路 11 号 4 楼	202150	
上海自由贸易试验区管理委员会保税区综合执法大队	富特北路 18 号 3 楼	200131	

（六）各区劳动能力鉴定委员会

名称	联系地址	邮编	电话
黄浦区劳动能力鉴定委员会	马当路 410 号	200025	63308729
徐汇区劳动能力鉴定委员会	南宁路 999 号 2 号楼 4 楼	200235	64482757
长宁区劳动能力鉴定委员会	古北路 88 号	200051	32181823
静安区劳动能力鉴定委员会	常德路 940 号	200040	32200710
普陀区劳动能力鉴定委员会	志丹路 2 号	200065	66070902
虹口区劳动能力鉴定委员会	曲阳路 191 号	200081	65072111
杨浦区劳动能力鉴定委员会	济宁路 363 号	200082	55214449
闵行区劳动能力鉴定委员会	莘北路 168 号 3 号楼 1 楼	201199	33883670
宝山区劳动能力鉴定委员会	友谊路 15 号北门（县前街）	201999	56109853
浦东新区劳动能力鉴定委员会	浦建路 1619 号 1 号楼	200135	68580809
嘉定区劳动能力鉴定委员会	金沙路 58 弄 64 号	201899	59521934
松江区劳动能力鉴定委员会	荣乐东路 2378 号	201613	67848545
金山区劳动能力鉴定委员会	蒙山北中 611 号 5 号楼	201540	37316018
青浦区劳动能力鉴定委员会	青舟路 220 号 3 号门	201799	33861490
奉贤区劳动能力鉴定委员会	古华路 543 号	201499	67199606
崇明区劳动能力鉴定委员会	城桥镇翠竹路 1501 号 1 楼	202150	69696988 转 8144

(七)各医疗保险事务中心

名　　称		联系地址	邮编	电话
上海市		康定路 805 号	200040	62558001
黄浦		鲁班路 390 号	200023	63030099
徐汇		南宁路 999 号 4 楼	200235	64164870
长宁		武夷路 702—706 号	200051	52065400
普陀		大渡河路 1711 号	200333	52804754
静安		原平路 363 号	200436	66551633
虹口		赤峰路 352—356 号	200092	55888140
杨浦		兰州路 1118 号	200082	65890960
闵行		水清路 530—546 号	201199	54135063
宝山		宝东路 879 号	201999	56112534
嘉定		嘉定镇博乐路 70—2 号	201800	59915420
浦东	中心	浦建路 1619 号 2 号楼	201204	50995001
	张杨路分中心	张杨路 3059 号	200136	50567061
	南汇分中心	惠南镇北门大街 176—178 号	201300	58027555
奉贤		南桥镇望园南路 1529 弄 1 号 B 楼 1 层	201400	67137777
松江		乐都西路 867—871 号 2 号楼 2 楼	201600	67817674
金山		石化蒙山路 1536 号	200540	57960021
青浦		公园东路 1618 号	201799	59728512
崇明		东门路 101 号	202150	39612037
农场局		华山路 241 弄 7 号	200041	34230045

(八)各人才服务中心

办理地点	联系地址	邮编	电话
上海市人才服务中心	梅园路 77 号上海人才大厦	200070	32511311
上海市人才服务中心金融分中心	浦东商城路 660 号乐凯大厦五楼	200120	58318917
上海市人才服务中心航运分中心	杨树浦路 248 号 907 室	200082	65418086
上海市人才服务中心高新技术分中心	宜山路 900 号 A 座 202 室	200035	54234912
上海市人才服务中心科创分中心	张东路 1158 号 3 号楼 2 楼	201203	33835127
上海虹桥海外人才一站式服务中心	金钟路 999 号	200335	52197713
浦东新区人才交流中心	张杨路 1996 号	200135	58603333
	环科路 999 弄浦东国际人才港 1 号楼 1 楼	201203	
	新金桥路 201 号 701 室	201206	50320067
	川沙新镇新川路 540 号	201299	68650410
	紫杉路 158 弄 1 号楼 2 楼	201306	68289698
	菲拉路 55 号 1 楼	200131	38453521
徐汇区人才服务中心	南宁路 969 号 1 号楼 1 楼	201235	64756513
长宁区人才服务中心	安西路 37 号	200050	62124179
普陀区人才服务中心	同普路 602 号 3 号楼 3 楼	200333	22234548
静安区人才服务中心	共和新路 912 号 6 楼	200070	66057103
虹口区人才服务中心	中山北一路 1230 号柏树大厦西区 1 楼	200082	65073218
杨浦区人才服务中心	淞沪路 605 号 C—D 座	200433	33193322
黄浦区人才服务中心	南苏州路 343 号	200021	63080100
宝山区人才服务中心	友谊路 15 号 6 号楼 4 楼	201900	56105656
闵行区人才服务中心	水清路 388 号	201199	51518181
嘉定区人才服务中心	嘉戬公路 118 号三楼北区就业人才专区	201899	59568585
金山区人才服务中心	板桥东路 900 号 1 号楼	200540	57922285
松江区人才服务中心	乐都西路 867 号 5 号楼 1 楼	201613	67848636
青浦区人才服务中心	北青公路 8098 号	201700	33862070
奉贤区人才服务中心	南桥镇望园南路 1529 弄 1 号 B 楼 2 层	201299	67137600
崇明区人才服务中心	城桥镇新城翠竹路 1501 号	202150	69696988

三、上海市公积金管理中心业务网点

名　　称	联系地址	邮编	电话
市中心	田林路1016号科技绿洲三期9号楼	200233	12329
黄浦	金陵东路569号16楼	200001	
徐汇	肇嘉浜路608号底楼	200031	
长宁	剑河路600号4楼	200335	
静安	汉中路120号2楼	200070	
普陀	金沙江路1006号华大科技园201室	200062	
虹口	瑞虹路156号2楼	200086	
杨浦	安波路521号	200092	
浦东新区	德平路289号18楼	200136	
	惠南镇人民西路85号建行大楼2楼	201399	
宝山	宝杨路1369号7楼	201901	
闵行	都市路2988号2楼	201108	
嘉定	博乐路55号1楼	201800	
金山	龙胜路143号1楼	200540	
松江	乐都西路867－871号5号楼2楼	201620	
青浦	青龙路69号1楼	201799	
奉贤	南桥镇立新路12号2楼	201499	
崇明	庙弄2号	202150	